# CORRESPONDANCE

# COMMERCIALE ET MONDAINE RUSSE

## à l'usage des Français

TEXTES ACCENTUÉS ET SUIVIS D'ANNOTATIONS
TABLEAU DES MESURES ET DES VALEURS RUSSES

EN TROIS PARTIES

PAR

## OLGA KLIONOFF

LIBRAIRIE RUSSE ET FRANÇAISE L. RODSTEIN
17, Rue Cujas, PARIS (V<sup>e</sup>)

Imprimerie «UNION»
46, Bd St-Jacques, Paris

# CORRESPONDANCE

# COMMERCIALE ET MONDAINE RUSSE

## à l'usage des Français

TEXTES ACCENTUÉS ET SUIVIS D'ANNOTATIONS
TABLEAU DE MESURES ET VALEURS RUSSES

PAR

## OLGA KLIONOFF

Prix : 5 Frs

LIBRAIRIE RUSSE ET FRANÇAISE L. RODSTEIN
17, Rue Cujas, PARIS (6ᵉ)

# PRÉFACE

Le présent ouvrage est composé de deux parties : l'une commerciale et l'autre mondaine. Les lettres de la première partie se rapportent à dés affaires commerciales de toute nature : commandes et accusés de réception de marchandises qui font l'objet du trafic entre la France et la Russie ou qui pourront désormais en être l'objet.

Il y a pour faciliter les rapports entre les commerçants de deux pays des modèles de lettres, de documents, des formules, des expressions et des indications sur les mesures et monnaies.

En outre, on trouvera des renseignements sur le marché et les institutions russes les plus intéressantes. Sauf les noms des maisons qui sont inventés ceux de villes et de contrées ont été spécialement choisis ; ces villes et contrées sont précisément celles où l'on pourra se procurer les marchandises dont il est question dans les différentes lettres. Nombreux sont les types de lettres d'introduction et de recommandation que nous avons donnés.

Nous avons mis à la fin de l'ouvrage un tableau des mesures de capacité et des monnaies russes avec leur valeur et des annotations utiles et nécessaires.

La seconde partie offre des exemples de correspondance telle qu'elle est usitée en Russie dans diverses circonstances de la vie privée ou publique.

De cette façon, le présent ouvrage reflète les caractères de la vie et des relations commerciales et mondaines en Russie.

Nous osons croire qu'il sera consulté avec intérêt et profit.

## PREMIÈRE PARTIE

# Correspondance Commerciale

## 1. Demande de coutellerie.

Торго'вый Домъ. Бра'тья Алексѣ'евы. Ножо'выя
издѣ'лія и стекло'. Карау'льная ул. №... А'дресъ
для телегра'ммъ: Алексѣ'евымъ Пе'нза.

Господи'ну Ша'рлю Брюно', 00, у'лица Понсо' въ
Пари'жѣ

Ми'лостивый Госуда'рь.

Прекрати'въ торго'выя сноше'нія съ нѣме'ц-
кими фи'рмами, съ кото'рыми мы до настоя'щаго
вре'мени имѣ'ли дѣла' и жела'я вступи'ть въ
таковы'я съ Ва'шей почте'нной фи'рмой, честь
имѣ'емъ проси'ть Васъ вы'слать намъ съ пе'рвой
по'чтой прейсъ-кур'антъ Ва'шихъ ножо'выхъ
това'ровъ въ вы'дѣланномъ ви'дѣ съ указа'ніемъ
кра'йнихъ цѣнъ и усло'вій прода'жи. По полу-
че'ніи всего' э'того, е'сли мы найдёмъ цѣ'ны под-
ходя'щими, сдѣ'лаемъ надлежа'щій зака'зъ.

Въ ожида'ніи Ва'шего ско'раго отвѣ'та, пре-
быва'емъ съ почте'ніемъ

С. Алексѣ'евъ.

# 2. Commande de coutellerie.

Торго́вый Домъ. Бра́тья Алексѣ́евы Ножо́выя
издѣ́лія и стекло́. Карау́льная ул. А́дресъ для
телегра́ммъ: Алексѣ́евымъ Пе́нза.

Пе́нза 29 сентября́ (12 октября́) 1911 го́да.
Господи́ну Ша́рлю Брюно́, 00, у́лица Понсо́ въ
Пари́жѣ

### Ми́лостивый Госуда́рь.

Подтвержда́я получе́ніе Ва́шего почте́ннаго
письма́ отъ 8 сего́ сентября́ и прейсъ-кура́нта
това́ровъ, имѣ́емъ честь сообщи́ть, что въ настоя́-
щее вре́мя мы мо́жемъ останови́ться то́лько
на кухо́нныхъ ножа́хъ, помѣ́ченныхъ бу́квами
В. Д. и Е., перочи́нныхъ ножа́хъ съ бу́квою В,
садо́выхъ ножа́хъ всѣхъ обозна́ченныхъ кате-
го́рій и ножницахъ подъ бу́квами А. М. и Ф.

Что каса́ется други́хъ зна́чащихся въ ката́-
логѣ това́ровъ, то мы выража́емъ сожалѣ́ніе,
что ука́занныя цѣ́ны дѣ́лаютъ ихъ пріобрѣ́те-
ніе недосту́пнымъ. Мы проси́ли бы пересмо-
трѣ́ть ещё цѣ́ны, и́менно: на кухо́нные ножи́
подъ бу́квами С и А и но́жницы са́маго боль-
шо́го кали́бра и по возмо́жности ихъ пони́зить,
дабы́ завоева́ть нашъ ры́нокъ.

Что каса́ется усло́вій платежа́ то мы нахо́димъ
ихъ кра́йне стѣсни́тельными и несоотвѣ́тству-
ющими усло́віямъ ры́нка на́шей страны́.

Мы охо́тно Вамъ вы́шлёмъ вмѣ́стѣ съ зака́-
зомъ $10_0/^0$ сго́ сто́имости, по́слѣ чего́, отправля́я
това́ръ, благоволи́те вы́слать намъ факту́ру, а на-
кладну́ю отосла́ть любо́му ба́нку въ на́шемъ го́-
родѣ: Азо́вско-Донско́му Комме́рческому ба́нку,
въ Петрогра́дскій междунаро́дный и́ли въ любо́й
друго́й. Вы мо́жете э́то сдѣ́лать че́резъ любо́й
изъ Ва́шихъ ба́нковъ, находя́щихся въ сноше́-
ніяхъ съ на́шими, поручи́въ ему́ вы́дать наклад-

ную по упла'тѣ 40°/₀ сто'имости зака'за и вы'дачѣ на'ми на Ва'ше и'мя векселе'й, платеже'мъ въ на'шемъ го'родѣ, на сро'ки: 10°/₀ сто'имости това'ра на 3 мѣ'сяца, 20°/₀ — на шесть мѣ'сяцевъ и остальны'е 20°/₀ на де'вять мѣ'сяцевъ.

Мы полага'емъ, что Вы имѣ'ете доста'точныя рефере'нціи о на'шей кредитоспосо'бности и Вамъ, павѣ'рно, извѣ'стна стро'гость на'шего оте'чественнаго ве'ксельнаго уста'ва, установи'вшаго сокращё'нный поря'докъ произво'дства по ве'ксельнымъ дѣла'мъ и сдѣ'лавшаго ве'ксель безспо'рнымъ доказа'тельствомъ до'лга.

Позволя'емъ себѣ' надѣ'яться, что Вы найдёте вышеизло'женныя усло'вія вполнѣ' пріе'млемыми и обезпе'чивающими Ва'ши интере'сы.

Въ ожида'ніи Ва'шего благопрія'тнаго отвѣ'та остаёмся съ соверше'ннымъ почте'ніемъ

*С. Алексѣ'евъ,*

---

# 3. Offre de toile russe.

Бра'тья Проко'фьевы. Фа'брика поло'тенъ всѣхъ сорто'въ. Крестовоздви'женская, № 105. Теле-фо'нъ 1552.

Яросла'вль, 28/15 сентября' 191.. го'да. Господи'ну Мо'рису Пишо'ну. 00, у'лица ла Питье' въ Марсе'лѣ.

Ми'лостивый Госуда'рь.

Представи'тель на'шей фи'рмы господи'нъ Ивано'въ переда'лъ Вашъ почте'нный зака'зъ.

Подтвержда'я усло'вія на кото'рыхъ Вы пришли' къ соглаше'нію, мы вмѣ'стѣ съ симъ высыла'емъ че'резъ тра'нспортную конто'ру «Наде'жда» 12 штукъ полотна', ка'ждаго со'рта по 4 шту'ки. Факту'ру на каково'й това'ръ, ра'вно какъ и накладну'ю конто'ры «Наде'жда», прилага'емъ при сёмъ.

При составле'нiи факту'ры мы счита'ли нашъ рубль за 2,66 фр. и нашъ арши'нъ равнымъ 0,71 ме'тра.

Согла'сно усло'вiямъ прода'жи благоволи'те уплати'ть при получе'нiи това'ра тра'нспортной конто'рѣ на мѣ'стѣ вы'дачи гру'за 1600 фра'нковъ я на остальны'е 2500 фра'нковъ мы траси'руемъ на васъ два ве'кселя по 1250 фр., по 3 и 6 мѣ'сяцевъ, при'казу Петрогра'дскаго Комме'рческаго Ба'нка въ Ва'шемъ го'родѣ.

Въ ожида'нiи Ва'шихъ дальнѣ'йшихъ зака'зовъ, пребыва'емъ съ соверше'ннымъ почте'нiемъ

*Бра'тья Проко'фьевы.*

по дов. *Миха'йловъ.*

---

# 4. Commande pour monter un moulin.

Кива'тинъ и К⁰. Това'рищество на вѣ'рѣ. Мука' и крупа'. Вознесе'нская ул. № 00. Телефо'нъ 2537.

Сара'товъ 25 ма'я (7 iю'ня) 191.. го'да. Господи'ну Колле'. 00, у'лица Рибо' въ Марсе'лѣ.

Ми'лостивый Госуда'рь.

Имѣ'я на'добность въ обору'дованiи вновь вы'строенной на'ми ме'льницы и узна'въ изъ газе'тъ, что Ва'ша почте'нная фи'рма принима'етъ на себя' таковы'я обору'дованiя, мы счита'емъ свои'мъ до'лгомъ обрати'ться къ Вамъ съ про'сьбою присла'ть намъ Вашъ катало'гъ и сообщи'ть усло'вiя, на кото'рыхъ Вы могли' бы взять ниже-ука'занный подря'дъ.

Проекти'руемое ме'льничное заведе'нiе должно' быть расчи'тано на ежесу'точный помо'лъ въ 40 четверте'й пшени'цы, счита'я по'ровну 20 четверте'й кру'пнаго и 20 четверте'й ме'лкаго помо'ла и съ круподе'ркой на 20 четверте'й (на'ша че'тверть имѣ'етъ о'коло 2,1 гектоли'тровъ).

По ознакомле́нии съ усло́віями, кото́рыя Вы намъ сообщи́те и е́сли таковы́я ока́жутся подходя́щими, мы бу́демъ проси́ть Васъ присла́ть представи́теля для ознакомле́нія на мѣ́стѣ съ подро́бностями и составле́ніемъ прое́кта.

Рефере́нціи о на́шей кредитоспосо́бности Вы мо́жете имѣ́ть въ ба́нкахъ, отдѣле́нія кото́рыхъ существу́ютъ въ на́шемъ го́родѣ: Азо́вско-Донско́й Комме́рческій банкъ и Петрогра́дскій Междунаро́дный. Вы мо́жете обрати́ться къ нимъ при посре́дствѣ ба́нковъ въ Ва́шемъ го́родѣ, состоя́щихъ въ сноше́ніяхъ съ ни́ми, а ра́вно какъ и въ О́бщество взаи́мнаго креди́та въ на́шемъ го́родѣ.

Льстя себя́ наде́ждою, что мы придёмъ къ жела́емому соглаше́нію, въ ожида́ніи Ва́шего любе́знаго отвѣ́та, остаёмся съ почте́ніемъ

М. Киви́тинъ.

# 5. Offre de tissus de Boukharie.

Торго́вый Домъ Бра́тья Семё́новы. Буха́рскія тка́ни, шерстяны́е платки́ ковры́ и пр. Садо́вая ул. № 00. Телефо́нъ 56.

Оренбу́ргъ, 7 (20) сентября́ 191... го́да. Господи́ну Пино́ и К°. 00, пло́щадь Согла́сія въ Пари́жѣ.

Ми́лостивые Госуда́ри.

Рядъ при́нятыхъ мѣръ для облегче́нія товарообмѣ́на ме́жду Росси́ей и Фра́нціей даётъ намъ наде́жду, что нашъ това́ръ мо́жетъ найти́ сбытъ въ Ва́шей странѣ́, и для э́той цѣ́ли мы рѣши́ли обрати́ться пре́жде всего́ къ Ва́шему уважа́емому До́му, и́мя кото́раго внуша́етъ намъ живѣ́йшее жела́ніе вступи́ть съ Ва́ми въ торго́выя сноше́нія.

Прилага́я нашъ циркуля́ръ и прейсъ-кура́нтъ

на́шихъ това́ровъ, имѣ́емъ честь поясни́ть, что при перево́дѣ ука́занныхъ въ прейсъ-кура́нтѣ цѣ́нъ и мѣ́ръ на Ва́ши мы при́няли нашъ рубль ра́внымъ 2,66 фр., арши́нъ 71 сантиме́трамъ, нашъ пудъ, имѣ́ющій 40 на́шихъ фу́нтовъ, ра́внымъ 32 Ва́шимъ и́ли 16 кило́ 38 гра́ммамъ.

Для ознакомле́нія съ ка́чествомъ на́шихъ това́ровъ и возмо́жностью сбы́та ихъ у Васъ, во Фра́нціи, а ра́вно и въ коло́ніяхъ, позволя́емъ себѣ́ предложи́ть Вамъ вы́писать хотя́ бы ограни́ченное коли́чество его́. Э́то — мы вполнѣ́ надѣ́емся — убѣди́тъ Васъ въ вы́годахъ на́шего предложе́нія.

Въ ожида́ніи Ва́шего благопрія́тнаго отвѣ́та, пребыва́емъ съ соверше́ннымъ почте́ніемъ

*Бра́тья Семё́новы.*

---

# 6. Demande de vins et offre de représentation.

Бра́тья Аста́ловы. Ви́нная и бакале́йная торго́вля. Вокза́льная, 00.

Кишинё́въ, 20 апрѣ́ля (3 ма́я) 191... го́да. Господа́мъ Дюпо́нъ и Ренье́. Депо́ винъ, 12, у́лица Клодъ Берна́ръ въ Пари́жѣ.

Ми́лостивые Госуда́ри.

Честь имѣ́емъ обрати́ться къ Вамъ съ предложе́ніемъ завяза́ть съ Ва́ми торго́выя сноше́нія для поку́пки францу́зскихъ винъ, ка́чества кото́рыхъ намъ хорошо́ извѣ́стны.

Поми́мо э́того, мы узна́ли, отъ г-на Дюпо́на, дире́ктора здѣ́шняго заво́да, что Вы жела́ли бы имѣ́ть своего́ представи́теля на всю Росси́ю.

Позволя'емъ себѣ' сдѣ'лать соотвѣ'тственное пре-
дложе'ніе, гаранти'руя максима'льный успѣ'хъ.

На'ша фи'рма имѣ'етъ отдѣле'нія во мно'гихъ
города'хъ Европе'йской и Азіа'тской Россі'и, а
ра'вно сноше'нія съ кру'пными виноторго'влями
обѣ'ихъ столи'цъ. На мѣ'стѣ мы имѣ'емъ не без-
извѣ'стныя Бессара'бскія ви'на.

Для завоева'нія на'шего ры'нка и борьбы' съ
конкуре'нціей Вамъ прійдётся идти' намъ на
встрѣ'чу какъ оказа'ніемъ долгосро'чнаго кре-
ди'та, такъ и назначе'ніемъ са'мыхъ умѣ'рен-
ныхъ цѣнъ. Взамѣ'нъ, мы обязу'емся продава'ть
и распространя'ть то'лько Ва'ши францу'зскія
ви'на и гаранти'руемъ оборо'тъ за пе'рвый годъ
не ме'нѣе чѣмъ въ 60.000 рубле'й — что соста'-
витъ 159.600 фра'нковъ (номина'льная сто'имость
рубля' 2.60 фр.). За второ'й годъ э'та цы'фра
должна' увели'читься въ полтора' ра'за, за тре'тій—
не ме'нѣе чѣмъ вдво'е.

Въ наде'ждѣ, что на'ши усло'вія подойду'тъ
Вамъ и что рефере'нціи, полу'ченныя о насъ въ
любо'мъ изъ мѣ'стныхъ ба'нковъ, убѣдя'тъ Васъ
въ на'шей кредитоспосо'бности.

Остае'мся съ соверше'ннымъ почте'ніемъ

*Бра'тья Аста'ловы*
По довѣ'рію *И. Аста'ловъ.*

---

# 7. Offre d'huiles. Conditions de payement.

1-ére Coopérative des huiles, d'olive du Midi.
Boulevard des Anglais, 60.

Nice, 23 (10) января' 191.. го'да. Торго'вому
До'му Вдова' и наслѣ'дники Ив. Ив. Бо'бринскаго.
Екатери'нинскій проспе'ктъ въ Екатериносла'вѣ.

Ми́лостивые Госуда́ри.

На́шъ представи́тель въ Ва́шемъ го́родѣ дово́дитъ до свѣ́дѣнія, что Вы любе́зно пожела́ли бы имѣ́ть нашъ това́ръ, е́сли бы сообщё́нныя на́ши усло́вія прода́жи бы́ли нѣ́сколько измѣ́нены́ примѣ́ни́тельно къ усло́віямъ и тре́бованіямъ Ва́шего ры́нка.

Мы идё́мъ на встрѣ́чу Ва́шимъ пожела́ніямъ въ увѣ́ренности, что дости́гнемъ обою́днаго соглаше́нія и что Вы не заме́длите почти́ть насъ зака́зомъ.

Что каса́ется сро́ковъ упла́ты, то мы, приня́въ въ соображе́ніе стѣсни́тельность предло́женныхъ Вамъ сро́ковъ, въ виду усло́вій прода́жи, въ кото́рыя Вы поста́влены, охо́тно удлиня́емъ таковы́е — вмѣ́сто предло́женныхъ на 3 и 6 мѣ́сяцевъ — на 8 и 9 мѣ́сяцевъ.

Само́ собо́ю разумѣ́ется, что учё́тъ Ва́шихъ долговы́хъ обяза́тельствъ, изъ $5 \%$ годовы́хъ, бу́детъ отнесё́нъ на Вашъ счё́тъ и припи́сываемъ къ счё́ту на отпу́щенный това́ръ.

Что каса́ется о́тпуска това́ровъ, мы, для нача́ла, гото́вы отправля́ть масла́ ме́нѣе значи́тельными па́ртіями по мѣ́рѣ на́добности въ томъ и́ли друго́мъ его́ со́ртѣ и въ посу́дѣ, каку́ю Вы найдё́те бо́лѣе удо́бной; но мы должны́ отмѣ́тить, что намъ бо́лѣе удо́бно отпуска́ть таково́е въ бочё́нкахъ, кото́рые обхо́дятся несравне́нно деше́вле жестя́нокъ.

Въ наде́ждѣ, что предло́женныя усло́вія вполнѣ́ Васъ удовлетворя́тъ и въ ожида́ніи Ва́шихъ зака́зовъ, пребыва́емъ съ соверше́нымъ почте́ніемъ.

По дов. Пе́рваго Коопрати́внаго О—ва *Bio'нв*.

# 8. Offre d'huiles à une coopérative d'officiers. Conditions de payement.

Grande Coopérative des huiles d'olive de Nice.
Boulevard des Anglais №...

Nice, 17 (4) ма'я 191... го'да. Экономи'ческому О'бществу офице'ровъ Моско'вскаго Вое'ннаго О'круга. Садо'вый персу'локъ №... въ г. Москвѣ'.

Ми'лостивые Госуда'ри.

Хорошо' освѣдомлённые, что Ва'ше почте'нное О'бщество достига'етъ всё бо'льшаго и бо'льшаго прогре'сса и увѣ'ренные, что н'аши столь зарекомендо'ванныя масла' найду'тъ че'резъ Ва'ше посре'дство обши'рное потребле'ніе, мы позволя'емъ себѣ' предста'вить на Ва'ше усмотрѣ'ніе нашъ прейсъ-кура'нтъ и осо'бенно рекомендова'ть на'ше оли'вковое ма'сло всѣхъ трёхъ сорто'въ, а та'кже на'ши такъ называ'емыя столо'выя масла', бу'дучи увѣ'рены, что высо'кія ихъ ка'чества вполнѣ' подойду'тъ по вку'су Ва'шихъ потреби'телей и что назна'ченныя цѣ'ны поста'вятъ ихъ внѣ вся'кой конкур'енціи. При сёмъ препровожда'емъ образцы' всѣхъ ука'занныхъ сорто'въ для испро'бованія.

Озна'ченныя въ прейсъ-кура'нтѣ цѣ'ны пока'заны за нали'чный разсче'тъ т. е. съ упла'той, какъ принято' счита'ть у Васъ, въ тече'ніи мѣ'сяца со вре'мени о'тпуска това'ра. Е'сли бы Вы пожела'ли воспо'льзоваться на извѣ'стную су'мму креди'томъ, мы охо'тно предлага'емъ таково'й въ размѣ'рѣ 70% покупно'й су'ммы; мы гото'вы идти' да'же да'льше и предлага'емъ плати'ть по откры'тому счёту т. е. су'ммами и въ сро'ки, когда' Вы найдё'те бо'лѣе для себя' удо'бными. При всѣхъ ви'дахъ креди'та мы позволя'емъ себѣ' счита'ть 5% годовы'хъ за по'льзованіе креди'томъ. Вы охо'тно согласи'тесь, что э'ти 5%

представля'ютъ не бо'льше того', что сто'ятъ де'ньги намъ сами'мъ.

Что каса'ется посу'ды, то мы предоставля'емъ, вы'боръ Ва'шему усмотрѣ'нію: жестя'нками въ 50 ли'тровъ, въ 100 ли'тровъ и'ли бочёнками отъ 200 ли'тровъ; сто'имость уку'порки ука'зана въ прейсъ-кура'нтѣ.

Вмѣ'стѣ съ вы'сылкой това'ра, мы пошлёмъ какъ э'то при'нято, этике'тки на соотвѣ'тственные сорта'.

Надѣ'ясь, что Вы не премине'те испро'бовать нашъ това'ръ, въ ожида'ніи ско'раго зака'за пребыва'емъ съ совершо'ннымъ почте'ніемъ

Дире'кторъ О'бщества Жанъ Дрю.

# 9. Offre d'huilles à une autre coopérative d'officiers. Conditions de payement.

Société Française, «Arachide». Marseille.

Marseille, 5 октября' (22 сентября') 191... го'да. Экономи'ческому О'бществу офице'ровъ О'бласти Во'йска Донско'го. Въ Новочерка'сскѣ.

Ми'лостивые Госуда'ри.

Не получа'я столь продолжи'тельное вре'мя Ва'шихъ почте'нныхъ зака'зовъ и теря'ясь въ дога'дкахъ, кака'я могла' бы быть причи'на — смѣ'емъ надѣ'яться — то'лько ихъ вре'менной пріостано'вки, мы пришли' къ заключе'нію, что какова' бы то ни бы'ла ближа'йшая причи'на происше'дшаго недоразумѣ'нія, гла'вная вина' должна' быть отне'сена къ нело'вкости на'шего представи'теля, неумѣ'вшаго привести' перегово'ры къ найлу'чшему достиже'нію на'шихъ взаи'мныхъ интере'совъ.

Стремя'сь къ на'званной цѣ'ли, мы позволя'емъ себѣ' предложи'ть Вамъ слѣ'дующія попра'вки.

Съ цѣ'лью удешевле'нія цѣнъ на'шихъ проду'ктовъ мы предложа'ли бы Вамъ выпи'сывать всѣ сорта' на'шихъ ма'селъ — какъ араши'днаго, такъ и бѣ'лыхъ столо'выхъ, не въ буты'лкахъ и да'же жестя'нкахъ, а бо'чками — что удешеви'тъ на'ши расхо'ды по упако'вкѣ и доста'вкѣ и дастъ возмо'жность соотвѣ'тственно пони'зить цѣ'ну това'ра. При э'томъ, дорожа' Ва'шими зака'зами мы идёмъ въ усту'пкѣ до того', что гото'вы не счита'ть сто'мости бочёнка.

На столо'выхъ масла'хъ №№ 2 и 3 мы мо'жемъ сдѣ'лать усту'пку: на второ'мъ 75 и на тре'тьемъ 100 фра'нковъ т. е. 28 руб. 10 к. и 37 руб. на бочёнокъ.

Здѣсь же, мы позволя'емъ себѣ' посовѣ'товать Вамъ вы'писать къ 1-му со'рту араши'днаго ма'сла таково'й же 2-ой сортъ, кото'рый, облада'я та'кже высо'кими ка'чествами, обойдётся Вамъ на 40 фра'нковъ на 100 кило' деше'вле т. е. переводя' на Ва'ши мѣ'ры, деше'вле на 15 рубле'й на бочёнокъ въ 6 пудо'въ.

Наконе'цъ, съ цѣ'лью приспосо'бить упла'ту къ усло'віямъ Ва'шей прода'жи, мы мо'жемъ сдѣ'лать слѣ'дующія усту'пки : мы гото'вы ограни'читься са'мымъ незначи'тельнымъ нали'чнымъ расчё'томъ, не бо'лѣе 25⁰/₀, (нали'чный расчётъ мы принима'емъ, какъ онъ понима'ется и у Васъ: упла'ту въ мѣ'сячный срокъ по вы'сылкѣ това'ра), и остальна'я упла'та на сро'ки, ра'вными частя'ми, на 3, 6, 9 и 12 мѣ'сяцевъ.

Надѣ'ясь, что вышеука'занныя дополни'тельныя усло'вія вполнѣ' удовлетворя'тъ Ва'шимъ жела'ніямъ, остае'мся въ ожида'ніи возобновле'нія Ва'шихъ зака'зовъ

Съ соверше'ннымъ почте'ніемъ

Дире'кторъ-распоряди'тель Г. Арма'нъ.

# 10. Demande d'une grande quantité de bois de construction.

Société Anonyme de transports «Milanaise». 00, rue d'Amsterdame, Paris téléphone 000.

Paris, 17/4 — V — 190... го'да. Коммисіо'нной и Тра'нспортной конто'рѣ «Наде'жда». Не'вскій проспе'ктъ въ Петрогра'дѣ.

## Ми'лостивые Госуда'ри.

Одна' изъ са'мыхъ больши'хъ францу'зскихъ фирмъ, предполага'я сдѣ'лать въ Россі'и значи'тельную поку'пку строево'го лѣ'са или купи'ть таково'й на срубъ, поручи'ла намъ его' пріиска'ть примѣни'тельно къ нижеука'заннымъ усло'віямъ.

Зна'я Ва'ши обши'рныя комме'рческія свя'зи и увѣ'ренные въ Ва'шей гото'вности испо'лнить совмѣ'стно съ на'ми да'нное поруче'ніе, мы хотѣ'ли бы услы'шать отъ Васъ, не имѣ'ется ли соотвѣ'тствующаго у Васъ дѣ'ла, ли'бо не жела'ете ли заня'ться э'тимъ вопро'сомъ,

Предполага'ется купи'ть гото'вый лѣсъ, но за неимѣ'ніемъ таково'го гото'вы купи'ть лѣсъ на срубъ. Тре'буется 10 милліо'новъ дере'въ дубо'ваго лѣ'са 150,600 дере'въ сосно'ваго и 200,000 я'сеня, попу'тно мо'жно и други'е сорта' лѣ'са.

Вмѣ'стѣ съ указа'ніемъ во что обойдётся футъ и'ли куб. саже'нь ка'ждой изъ ука'занныхъ поро'дъ, не откажи'те указа'ть разстоя'ніе до ближа'йшей желѣзнодоро'жной ста'нціи и сто'имость путево'й доста'вки до таково'й, а во второ'мъ слу'чаѣ, подыска'нія площаде'й на срубъ, сообщи'ть кро'мѣ ука'занныхъ свѣ'дѣній, — на каки'хъ усло'віяхъ произво'дится ру'бка лѣ'са въ да'нной мѣ'стности: съ подря'да, арте'лями и'ли путёмъ на'йма отдѣ'льныхъ рабо'чихъ; кака'я сто'имость рабо'чихъ рукъ и'ли на каки'хъ усло'віяхъ и за каку'ю

цѣ'ну беру'тся подря'ды, ра'вно какъ не имѣ'ется
ли недоста'тка въ рабо'чей си'лѣ.

Кро'мѣ указа'нія ста'нціи погру'зки мы проси'ли
бы Васъ вы'считать сто'имость доста'вки до бли-
жа'йшаго морско'го по'рта.

Извиня'емся что по извѣ'стнымъ обстоя'тель-
ствамъ мы пока' возде'рживаемся назва'ть о'бще-
ство, сдѣ'лавшее вышена'званное предложе'ніе.

Что каса'ется коммиссіо'ннаго вознагражде'нія,
то таково'е на'ми усло'влено въ размѣ'рѣ $1^1/_8/°/_0$
все'й поку'пки и мы охо'тно раздѣ'лимъ э'то воз-
гражде'ніе въ ра'вныхъ частя'хъ за покры'тіемъ
снача'ла изде'ржекъ, кото'рыя Вы и мы понесёмъ.

Е'сли у Васъ имѣ'ется подходя'щее на'шимъ
тре'бованіямъ предложе'ніе, то мы пошлёмъ къ
Вамъ на'шего инжене'ра, дабы' онъ могъ на
мѣ'стѣ всё провѣ'рить и сдѣ'лать съёмку. Таковы'
пріёмы на'шей фи'рмы: сами'мъ провѣря'ть че'резъ
свои'хъ представи'телей всѣ дѣла'.

Пребыва'емъ съ соверше'ннымъ почте'ніемъ.

По довѣ'рію: *Société Anonyme de transports*
*Jean Brossard.*

___

# 11. Offre de conserves alimentaires.

Armand Pinot conserves alimentaires. 00, Boulevard
J.-Jaurès, Marseille.

Марсе'ль, 18 (5) а'вгуста 191... го'да. Экономи'че-
скому О'бществу офице'ровъ Ви'ленскаго вое'ннаго
О'круга.

Ми'лостивые Госуда'ри.

Нашъ представи'тель г. Пунса' имѣ'лъ честь
своевре'менно говори'ть съ Ва'ми о предме'тахъ,
въ кото'рыхъ Вы бу'дете имѣ'ть на'добность къ
бу'дущему зака'зу.

Ввиду' приближе'нія вре'мени зака'за мы по-
зволя'емъ себѣ' напо'мнить, что Вы остановн'лись
на слѣ'дующихъ предме'тахъ:

Ры́бные консе́рвы: макре́ль въ ма́слѣ въ коро́бкахъ и полукоро́бкахъ, сарди́ны съ костя́ми въ тома́тѣ и въ ма́слѣ въ коро́бкахъ ра́зныхъ размѣ́ровъ, сарди́ны въ тома́тѣ и доро́жныя, тонъ въ ма́слѣ. О́вощные консе́рвы: артишо́ки, сла́дкій горо́шекъ и спа́ржа.

Къ э́тому мы смѣ́емъ предложи́ть Вамъ испро́бовать нашъ но́вый вы́пускъ сарди́нъ въ тома́тѣ пригото́вленныхъ осо́бымъ спо́собомъ и выпуска́емыхъ на́ми въ коро́бкахъ и полукоро́бкахъ.

Э́ти сарди́ны, вы́пущенныя впервы́е во вре́мя незапа́мятной Освободи́тельной войны́, сра́зу обрати́ли внима́ніе гг. Офице́ровъ Ру́сской а́рміи, геро́йски сража́вшихся во Фра́нціи ря́домъ съ на́шими войска́ми. Нельзя́ не призна́ть, что озна́ченные консе́рвы вполнѣ́ заслужи́ли э́то ле́стное внима́ніе свои́мъ осо́бо то́нкимъ вку́сомъ. Мы увѣ́рены, что онѣ́ удовлетворя́тъ са́мымъ изы́сканнымъ тре́бованіямъ Ва́шихъ потреби́телей и пріобрѣту́тъ большо́й спросъ.

Въ настоя́щее вре́мя вышена́званныя сарди́ны выпуска́ются на́ми подъ назва́ніемъ «сою́зники» и мы мо́жемъ Вамъ ихъ счита́ть для про́бы 10 фра́нковъ (т. е. по 3.75 коп.) за деся́токъ коро́бокъ и 5 фра́нковъ 50 сант. за деся́токъ полукоро́бокъ.

Въ ожида́ніи ско́раго получе́нія Ва́шего зака́за и въ наде́ждѣ, что таково́й бу́детъ значи́тельнѣе пре́жняго.

Остаёмся съ почте́ніемъ *Арма́нъ Пино́*.

---

## 12. Offre de peaux et de soies de porcs.

Т. Боборы́кинъ. Торго́вля сыры́ми ко́жами. Пересы́льная, № 00. Курскъ. Телефо́нъ 000.

А́дресъ для телегра́ммъ: Боборы́кину—Курскъ. Теку́щій счётъ въ Госуд. Ба́нкѣ.

Курскъ, 2/15 ію́ля 191... го́да. Господи́ну Алекса́ндру Верне́. У́лица Валь де Грасъ въ Пари́жѣ.

### Ми́лостивый Госуда́рь.

Узна́въ изъ газе́тъ, что Вашъ почте́нный Домъ занима́ется вы́дѣлкой щети́ны и произво́дствомъ щети́новыхъ издѣ́лій, мы посчита́ли свои́мъ до́лгомъ предложи́ть свои́ услу́ги по доста́вкѣ сыро́го матеріа́ла для э́того произво́дства.

Имѣ́я на скла́дѣ всегда́ большо́й запа́съ сыры́хъ свины́хъ кожъ, каково́й запа́съ всегда́ пополня́ется, мы могли́ бы доставля́ть Вамъ ко́жи въ продолже́ніи цѣ́лаго го́да въ коли́чествѣ, како́е Вамъ потре́буется.

До сего́ мы имѣ́ли дѣ́ла съ австрій́скими фи́рмами и о значи́тельности на́шихъ оборо́товъ Вы мо́жете имѣ́ть свѣ́дѣнія въ тра́нспортной конто́рѣ «Наде́жда» въ на́шемъ го́родѣ.

Желѣзнодоро́жная ста́нція погру́зки това́ра «Курскъ» въ тако́мъ же разстоя́ніи отъ по́рта Оде́ссы, какъ и отъ по́рта Кроншта́дта и прово́зъ ка́ждой то́нны, т. е. 66 пудо́въ обойдётся въ 0 руб., принима́я во внима́ніе, что сыры́я ко́жи такси́руются по спеціа́льному тари́фу, а вмѣ́стѣ съ накладны́ми расхо́дами въ 00,00 руб. и́ли 00.00 фра́нковъ (считая франкъ за 0,37 рубля́). — Прилага́емъ спи́сокъ съ подро́бнымъ указа́ніемъ размѣ́ровъ кожъ и коли́чествомъ на ка́ждой щети́ны.

Въ наде́ждѣ что Вы не заме́длите сдѣ́лать про́бный зака́зъ, пребыва́емъ съ почте́ніемъ.

Т. Боборы́кинъ.

# 13. Demande de pain d'épice russe de Viazma.

Grande épicerie et confiserie. Rue de la Victoire № 00. Nice.

Nice, 18/5—X—191… г. Господи′ну И. И. Ермо′лову. Пря′ничная фа′брика въ г. Вя′зьмѣ.

Ми′лостивый Госуда′рь.

Въ послѣ′днее вре′мя на′ши покупа′тели спра′шиваютъ, не имѣ′ется ли у насъ въ прода′жѣ такъ называ′емыхъ «Вя′земскихъ пря′никовъ».

Заинтересо′ванные узна′ть, что представля′етъ э′тотъ родъ пече′нія и освѣ′домившись изъ газе′тъ, что Ва′ша фа′брика занима′ется ихъ изготовле′ніемъ въ больши′хъ размѣ′рахъ, мы рѣши′ли проси′ть Васъ присла′ть че′резъ одну′ изъ тра′нспортныхъ конто′ръ, большо′ю ско′ростью, по про′бному я′щику ка′ждаго изъ сорто′въ э′того пече′нія.

На высыла′емый това′ръ благоволи′те сдѣ′лать нало′женный платёжъ, адресу′я намъ по ука′занному въ загол′овкѣ а′дресу накладну′ю, факту′ру и прейсъ-кура′нтъ Ва′шихъ това′ровъ.

По получе′ніи това′ра, е′сли мы найдёмъ таково′й подходя′щимъ, мы обрати′мся къ Вамъ съ значи′тельнымъ зака′зомъ, а до сего′ остаёмся съ почте′ніемъ

*Jules Verne.*

# 14. Offre de gelée aux fruits et de fruits confits etc.

Саму′илъ Яко′влевичъ Иса′ковъ. Конфе′ктная фа′брика. Нѣ′жинъ (Черни′говской губер.).

Нѣ′жинъ, 23/10-X-191.. го′да. Господи′ну Эрне′сту Лануа′ въ Пари′жѣ.

### Ми́лостивый Госуда́рь.

Честь имѣ́ом ув́ѣдомить Вас, что мы полу-чи́ли Ва́ши почте́нныя пи́сьма и зака́з на заса́харенные фру́кты, я́блочную пастилу́ и фрукто́вые конфе́кты всѣх сорто́в. Мы сего́дня же начнём выполня́ть зака́з, тѣм бо́лѣе, что я́блочная пастил́а но́ваго урожа́я о́чень уда́чна.

Посыла́ем Вам 5 бочёнков по полу́тора пу́да (24 кило́) и 10 бочёнков по 4 пу́да. Остальны́е бочёнки бу́дут ра́знаго вѣ́са. На-дѣ́емся, что Ва́ши конди́теры бу́дут кру́глый год по́льзоваться э́той пастило́й и сбыт ея́ у Вас прі́ймет больші́е размѣ́ры.

Относи́тельно заса́харенных фру́ктов — мы шлём, за исключе́ніем пе́рсиков э́того го́да, кото́рые ещё не гото́вы, гру́ши, анто́-новскія я́блоки, сли́вы, ви́шни и абрико́сы. Мы сдѣ́лали их подбо́р таки́м о́бразом, чтобы́ Вы имѣ́ли в большо́м коли́чествѣ больши́ми куска́ми и да́же цѣ́лыми фру́ктами. Вы са́ми разрѣ́жете на ме́лкія ча́сти, кладя́ в коро́бки, е́сли э́то пона́добится.

Фрукто́вые конфе́кты, как в бума́жках, так и без, бу́дут ото́сланы соотвѣ́тственно Ва́шему зака́зу.

Мармела́ды, кро́мѣ пе́рсиковых, кото́рые бу́-дут гото́вы не по́зже как че́рез двѣ недѣ́ли, та́кже гото́вятся к отсы́лкѣ. Про́сим обра-ти́ть внима́ніе на я́блочный сорт из так называ́емой «анто́новки». Как ви́дно вы́ше, нам удало́сь получи́ть э́тот сорт в заса́ха-ренном ви́дѣ: обыкнове́нно же она́ распада́-ется и превраща́ется в густу́ю ма́ссу.

Факту́ра, накладна́я и прейс-кура́нт при-лага́ются.

С соверше́нным почте́ніем *С. Иса́ков.*

# 15. Demande d'œufs.

Société de produits alimentaires. «Vortin», Paris.

Paris, le 15/2—3—191... г. Синдика'ту для вы'воза яи'цъ. Ирку'тскъ.

Ми'лостивые Госуда'ри.

Настоя'щая война' прерва'ла на'шу перепи'ску о поста'вкѣ намъ кури'ныхъ яи'цъ. Такъ какъ отны'нѣ вое'нныя собы'тія при'няли я'вно благо-прія'тный для насъ — Сою'зниковъ — оборо'тъ и война' обѣща'етъ ско'ро прійти' къ концу' мы счита'емъ своевре'меннымъ ны'нѣ же возобно-ви'ть пре'рванную перепи'ску.

Ссыла'ясь на Ва'ши пи'сьма отъ 28/15—X—191... г. мы про'симъ сообщи'ть намъ:

1) По како'й цѣнѣ' Вы мо'жете счита'ть намъ ты'сячу яи'цъ въ ка'ждый изъ сезо'новъ, когда' мо'жно бу'детъ ихъ отправля'ть.

2) Въ продолже'ніе каки'хъ мѣ'сяцевъ го'да Вы могли' бы производи'ть отпра'вку?

3) Мо'жете ли Вы производи'ть такову'ю че'резъ портъ Ко'ла?

4) Каковы' расхо'ды на ты'сячу яи'цъ, съ накладны'ми изде'ржками, по доста'вкѣ до по'рта Ко'лы и каковы' до по'рта Арха'нгельска?

5) Ско'лько, въ сре'днемъ, вре'мени идётъ грузъ отъ ва'шей ста'нціи отправле'нія до К'олы и ско'лько до Арха'нгельска?

6) Имѣ'ете ли Вы по'лную возмо'жность въ мѣ'сяцы отпра'вки предохраня'ть я'йца отъ по'рчи и замерза'нія?

Всѣ'ми э'тими свѣ'дѣніями Вы насъ мно'го обя'жете и мы не заме'длимъ продолжа'ть перего'воры въ наде'ждѣ прійти' къ благопрія'тному концу'.

Въ ожида'ніи ско'раго отвѣ'та пребыва'емъ

*Société des produits alimentaires «Вортэ'нъ».*

# 16. Proposition d'importation de volaille.

Société Anonyme de transports «Vitesse» Lyon.

Lyon, le 30/17-X-191... г. Тра́нспортно-комиссіо́нной конто́рѣ «Мерку́рій» въ Оде́ссѣ.

Ми́лостивые Госуда́ри.

Ме́жду акціоне́рами на́шего О́бщества возни́кло намѣ́реніе образова́ть това́рищество для снабже́нія францу́зскихъ ры́нковъ пти́цей въ би́томъ ви́дѣ, и я́йцами изъ Росси́и. — Для э́той цѣ́ли предполага́ется купи́ть и́ли заарендова́ть уча́стокъ земли́ вблизи́ Оде́ссы и́ли друго́го по́рта Чёрнаго мо́ря. На э́томъ уча́сткѣ бу́дутъ разводи́ть пти́цу и выка́рмливать ку́пленную на сторонѣ́; здѣсь же предполага́ется устро́ить бо́йни для пти́цы и холоди́льники для замора́живанія.

Пре́жде чѣмъ приступи́ть къ образова́нію о́бщества и къ осуществле́нію заду́маннаго бу́дущіе учреди́тели обрати́лись къ намъ съ про́сьбой собра́ть на мѣ́стѣ ну́жныя да́нныя,

Ссыла́ясь на вышеизло́женное мы, поко́рнѣйше проси́ли бы Васъ заня́ться у себя́ на мѣ́стѣ разрабо́ткой да́нныхъ, относя́щихся къ предполага́емому предпрія́тію, кото́рыя отвѣча́ли бы на слѣ́дующіе вопро́сы:

1) мо́жно ли купи́ть или заарендова́ть вблизи́ Оде́ссы и́ли друго́го по́рта уча́стокъ земли́ для разведе́нія куръ, гла́внымъ о́бразомъ, но та́кже и у́токъ, гусе́й и индѣ́екъ; ско́лько бу́детъ сто́ить въ поку́пкѣ и ско́лько въ аре́ндѣ десяти́на земли́;

2) въ како́мъ разстоя́ніи отъ по́рта и каковы́ сре́дства доста́вки до послѣ́дняго;

3) кака́я сре́дняя цѣна́ про́са и други́хъ кормовы́хъ зла́ковъ въ э́тихъ мѣста́хъ;

4) кака́я сре́дняя цѣна́ ку́рицы, у́тки, гу́ся и индѣ́йки въ поку́пкѣ у крестья́нъ да́нной мѣ́стности;

5) кака́я была́ бы сре́дняя пла́та дереве́нскому рабо́чему и рабо́тницѣ при подо́бномъ заня́тіи: ухо́дѣ за пти́цею, рѣ́зкѣ и пр. —

Послѣ́дующіе вопро́сы бу́дутъ Вамъ предло́жены согла́сно да́ннымъ, каки́я Ва́ми бу́дутъ сообщены́, въ отвѣ́тъ на настоя́щее письмо́.

Всѣ Ва́ши расхо́ды по настоя́щему поруче́нію бу́дутъ на́ми при вся́комъ исхо́дѣ дѣ́ла возмѣщены́. При благопрія́тномъ исхо́дѣ Вы бу́дете пріобщены́ къ комиссіо́нному вознагражде́нію, кото́рое дастъ Вамъ пра́во уча́стія въ основа́ніи предпрія́тія. Размѣ́ръ его́ по отноше́нію къ вознагражде́нію, кото́рое мы имѣ́емъ получи́ть бу́детъ опредѣлёнъ по на́шему взаи́мному соглаше́нію и согла́сно торго́вымъ обы́чаямъ.

Мы надѣ́емся, что, ввиду́ на́шихъ долговре́менныхъ дѣловы́хъ сноше́ній и въ предви́дѣніи значи́тельнаго зарабо́тка, Вы не отка́жете приня́ть совмѣ́стно съ на́ми поруче́ніе спосо́бствовать организа́ціи предпрія́тія согла́сно пла́ну, кото́рый намъ бу́детъ постепе́нно ука́зываться и въ грани́цахъ, кото́рыя намъ бу́дутъ отводи́ться.

Во вся́комъ слу́чаѣ каковъ бы ни былъ Вашъ отвѣ́тъ, мы Васъ про́симъ сохрани́ть на́ше предложе́ніе, а равно́ какъ и всё, что мо́жетъ обнару́жить прое́ктъ предполага́емаго предпрія́тія, въ глубо́кой та́йнѣ.

Въ надѣ́ждѣ на благопрія́тный отвѣ́тъ, пребыва́емъ съ совершѣ́ннымъ почте́ніемъ

*Société Anonyme de transports « Vitesse»*
*Делега́тъ-администра́торъ Альфо́нсъ Гэ.*

# 17. Offre de machines d'imprimerie.

Etablissements Normant et C°. Rue de Richelieu. 00.
Téléph. 0.21.01. Paris.

Въ Министе́рство Про́мышленности и Торго́вли
въ Петрогра́дѣ.

Одно́й изъ областе́й произво́дства, въ кото́-
рой Ру́сскому Прави́тельству, равно́ какъ и
ру́сской промы́шленности, придётся счита́ться
съ измѣни́вшимися усло́віями, вы́званными
Вели́кой Европе́йской войно́й и группиро́вкой
Держа́въ, э́то — о́бласть типогра́фскаго дѣ́ла.

До войны́ бо́льшая часть маши́нъ для печа́-
танія ввози́лась въ Росси́ю изъ Герма́ніи; въ
настоя́щее вре́мя, ну́жно полага́ть, онѣ́ бу́дутъ
замѣнены́ маши́нами оте́чественнаго произво-
во́дства и таковы́ми произво́дства дру́жествен-
ныхъ держа́въ. — Съ друго́й стороны́, недо-
ста́токъ въ рабо́чей си́лѣ, ощуща́вшійся во
вре́мя войны́, потре́бовалъ бо́льшей интенси́в-
ности въ примѣне́ніи маши́нъ и есте́ственно
далъ толчёкъ къ расшире́нію ихъ примѣне́нія.

На́ше О́бщество при́няло во внима́ніе соз-
да́вшіяся усло́вія и гото́во идти́ на встрѣ́чу
тре́бованіямъ предъявля́емымъ въ настоя́щее
вре́мя къ обору́дованію типогра́фій. Существу́я
съ 189... г. оно́ развива́ло свои́ оборо́ты въ
пе́рвые го́ды существова́нія, до 0000 руб. Въ
настоя́щее вре́мя оно́ сдѣ́лало но́выя усовер-
ше́нствованія, но́выя введе́нія и расши́рило
свою производи́тельность. Въ тако́мъ ви́дѣ
О́—во смѣ́ло мо́жетъ взять на себя́ зада́чу
какъ удовлетвори́ть тре́бованія въ маши́нахъ,
каки́я бы́ли въ употребле́ніи въ Росси́и до сего́,
такъ и дать соверше́нно но́выя моде́ли.

Препровожда́я нашъ катало́гъ, мы настоя́-
щимъ имѣ́емъ честь предложи́ть Министе́рству

Промы́шленности и Торго́вли на́ши услу́ги какъ по поста́вкѣ типогра́фскихъ маши́нъ, ну́жныхъ подвѣ́домственнымъ Министе́рству установле́ніямъ, такъ и для промы́шленпыхъ и торго́выхъ учрежде́ній зави́симыхъ или имѣ́ющихъ отноше́ніе къ его́ вѣ́домству. Въ э́томъ послѣ́днемъ отноше́ніи мы поко́рнѣйше про́симъ Министе́рство, въ интере́сахъ же э́тихъ учрежде́ній, приня́ть на себя́ трудъ ознако́мить ихъ че́резъ посре́дство подлежа́щихъ о́рга- новъ, съ производи́мыми на́шими заво́дами маши́нами.

Мы про́симъ обрати́ть внима́ніе на то, что, какъ э́то зна́чится по катало́гу, мы изготовля́емъ маши́ны для печа́тапія ма́рокъ, для набо́ра, для су́шки и пр. — послѣ́дпія рабо́ты производи́лись до сего́ времени обыкнове́нно ручны́мъ трудо́мъ. Про́симъ та́кже приня́ть во внима́ніе умѣ́ренность на́шихъ цѣнъ, дѣ́лающую маши́ны вполнѣ́ досту́пными для са́мыхъ не- большн́хъ типогра́фій.

Обраща́ясь съ настоя́щимъ предложе́ніемъ, мы поко́рнѣйше про́симъ Министе́рства Промы́шленности и Торго́вли допусти́ть на́шего представи́теля, пода́теля сего́, инжене́ра Х. сдѣ́лать слове́сныя поясне́нія должностпо́му лицу́ ко́ему Министе́рство пору́читъ разсмо- трѣ́ніе сего́ представле́нія.

*Дире́кторъ фи́рмы Норма́нъ и К°. Л. Пуаро́*

---

# 18. Offre d'échanger des représentations.

Импо́ртно-Экспо́ртная конто́ра «Русь». Не́вскій проспе́ктъ № 00. Телефо́нъ № 00. Петрогра́дъ, 7/20 сентября́ 191... го́да. Въ Информаціо́нное бюро́ «Иностра́нецъ». Бульва́ръ Госма́нъ въ Пари́жѣ.

Ми'лостивые Госуда'ри.

Честь имѣ'емъ довести' до Ва'шего свѣ'дѣнія, что мы въ ку'рсѣ Ва'шего объявле'нія въ «Вѣ'стникѣ» о жела'ніи завяза'ть сноше'нія съ экспедиціо'нными и комиссіо'нными ру'сскими фи'рмами и какъ такова'я позво'лимъ себѣ' предложи'ть на'ши услу'ги.

Мы глубоко' убѣждены', что мо'жемъ быть взаи'мно поле'зны другъ дру'гу. На'ша страна' нужда'ется въ безчи'сленномъ коли'чествѣ проду'ктовъ, кото'рыми Вы такъ бога'ты. Бѣ'глый пе'речень ихъ ука'жетъ Вамъ, наско'лько францу'зы заблужда'лись до войны', предоста'вивъ нѣ'мцамъ нашъ ры'нокъ, кото'рый обогаща'лъ ихъ ежего'дно на со'тни милліо'новъ рубле'й.

Нѣ'мцы сумѣ'ли сбыва'ть у насъ предме'ты какъ са'мой гру'бой и просто'й, такъ и то'нкой вы'дѣлки и получа'ть отъ насъ взамѣ'нъ, вмѣ'стѣ съ огро'мнымъ барышё'мъ, хлопо'къ, ко'жи, мѣха' въ сыро'мъ ви'дѣ и ещё мно'гое. Однѣ' на'ши цѣле'бныя тра'вы, рома'шка, ли'повый цвѣтъ и таба'къ здо'рово обогаща'ли ихъ. А нажи'ва на хлѣ'бѣ, свеклови'цѣ чего' сто'ятъ!

Какъ ви'дите, у насъ есть, что предложи'ть Фра'нціи! Въ слѣ'дующій разъ мы сообщи'мъ Вамъ, что отъ Васъ на'до Росси'и.

Пока' же ждемъ отъ Васъ извѣ'стій, согла'сны ли Вы, рабо'тать съ на'шей фи'рмой и'ли уже' вошли' въ сноше'нія съ друго'й.

*съ сов. почте'ніемъ дире'кторъ «Руси'»*

*А. Кли'мовъ.*

---

## 19. Réponse à l'offre précédente.

Bureau d'informations «L'Etranger». Boulevard Haussmann. Téléphone 0.001

Paris, 28/15 сентября' 191... го'да. Импо'ртно-Экспо'ртной конто'рѣ «Русь» въ Петрогра'дѣ.

Ми́лостивые Госуда́ри.

Честь имѣ́ем ь увѣ́домить Вас ь о получе́ніи Ва́шего письма́ от ь 20/7 сего́ мѣ́сяца. Мы о́чень ра́ды бу́дем ь рабо́тать съ Ва́шей фи́рмой, тѣм ь бо́лѣе что имѣ́ем ь отдѣле́нія во всѣх ь порто́выхъ города́х ь Фра́нціи, въ на́ших ь коло́ніях ь и корреспонде́нтов ь за грани́цей. Къ вели́кому на́шему сожалѣ́нію, мы то́лько тепе́рь убѣжда́емся, что мно́го теря́ли изъ-за на́шей непоня́тной ине́ртности: мы гото́вы бы́ли отправля́ться въ отдалённыя коло́ніи и так ь боя́лись кли́мата и языка́ на́шей сою́зницы.

Как ь то́лько обстоя́тельства позво́лят ь, на́ша фи́рма пошлёт ь своего́ дире́ктора для заключе́нія съ Ва́ми цѣ́лаго ря́да догово́ров ь. Мы смо́жем ь переда́ть Вам ь исключи́тельное представи́тельство на всю Росси́ю съ пра́вом ь переда́чи его́ по Ва́шему усмотрѣ́нію на всю Росси́ю же и́ли по райо́нам ь. Э́то представи́тельство при на́шем ь посре́дствѣ Вы полу́чите на любо́й предме́т ь от ь его́ фабрика́нта.

Пока́ же ука́жем ь, что на́ши опти́ческія издѣ́лія, фотографи́ческія принадле́жности, ра́зныя маши́ны, станки́, земледѣ́льческія ору́дія, шелка́ игру́шки и ещё мно́гое и мно́гое мо́гут ь быть къ Ва́шим ь услу́гам ь.

Могли́ бы ли Вы то́чно также устро́ить нам ь непосре́дственное представи́тельство на указа́нные въ Ва́шем ь письмѣ́ предме́ты, сохрани́в ь за собо́ю коммиссіо́нный проце́нт ь? Каковы́ Ва́ши усло́вія? Мы счита́ем ь коммиссіо́нную пла́ту сообра́зно оборо́ту дѣл ь. Мы её уменьша́ем ь съ увеличе́ніем ь оборо́та.

Въ ожида́ніи Ва́шего отвѣ́та съ соверше́нным ь почте́ніем ь

*Жанъ Потэ́нъ Дире́кторъ-распоряди́тель.*

# 20. Demande de référence sur une maison de commerce.

Paris, 23 января' (5 февраля') 191... го'да. Госпо-
да'мъ А. Елисѣ'еву съ С—ми. Вознесе'нская
ул. № 60, въ Москвѣ'.

### Ми'лостивые Госуда'ри.

Имѣ'я въ виду' вступи'ть въ значи'тельныя
торго'выя сноше'нія съ нижепоименно'ванной
торго'вой фи'рмой, мы позволя'емъ себѣ' обра-
ти'ться къ Вамъ съ поко'рнѣйшей про'сьбой
сообщи'ть, въ возмо'жно непродолжи'тельномъ
вре'мени, свѣ'дѣнія о кредитоспосо'бности и
торго'вой соли'дности э'той фи'рмы.

Всѣмъ, что Вамъ уго'дно бу'детъ сообщить,
мы воспо'льзуемся соверше'нно конфиденціа'льно
и безъ вся'кой для Васъ отвѣ'тственности.

Зара'нѣе благода'рпые за исполне'ніе про'сьбы
и въ наде'ждѣ быть въ свою' о'чередь Вамъ
поле'зными пребыва'емъ

Съ соверше'ннымъ почте'ніемъ

*Жанъ Кордонье'.*

---

# 21. Réponse favorable à la demande précédente.

Москва' 1/14 февраля' 191... го'да. Господи'ну
Жа'ну Кордонье' у'лица Мирабо' въ Ни'ццѣ.

### Ми'лостивый Госуда'рь.

Въ отвѣ'тъ на Ва'ше почте'нное письмо' отъ
23 января' (5 февраля') имѣ'емъ честь сообщи'ть,
что на'званная фи'рма по'льзуется у насъ соли'д-
ной репута'ціей,

Имѣ'я доста'точныя для веде'нія дѣ'ла сре'д-
ства, глава' До'ма облада'етъ зна'ніемъ, эне'ргіей

и по́львуется больши́мъ дове́ріемъ. Торго́выя сноше́нія съ э́той фи́рмой мы счита́емъ отню́дь нериско́ванными.

Ра́дуясь слу́чаю быть Вамъ поле́зными, про́симъ по́льзоваться сообще́нными свѣ́дѣніями и безъ вся́кой съ на́шей стороны́ отвѣ́тственности.

Съ соверше́ннымъ почте́ніемъ

*Л. Елисѣ́евъ,.*

## 22. Autre modèle de demande de référence

Marseille, 18/5 ма́я 191 ... го́да

Господи́ну И. Зна́менскому. Переселе́нческая ул., № ... въ Сара́товѣ.

Ми́лостивый Госуда́рь.

Торго́вый Домъ Ермо́ловъ и К°, въ Ва́шемъ го́родѣ, предложи́лъ намъ покупа́ть для насъ и за нашъ счётъ зерново́й хлѣбъ, для чего́ понадобилось бы предоста́вить въ распоряже́ніе До́ма значи́тельныя де́нежныя су́ммы, до 200,000 рубле́й, т. е. о́коло 750,000 фр.

Пре́жде чѣмъ вступи́ть въ э́то соглаше́ніе, мы поко́рнѣйше про́симъ сообщи́ть намъ свѣ́дѣнія о торго́вой соли́дности До́ма и нра́вственныхъ ка́чествахъ его́ представи́телей, въ чёмъ Вы безъ сомнѣ́нія освѣ́домлены, въ виду́ значи́тельныхъ сноше́ній съ разли́чными фи́рмами.

Само́ собо́ю разумѣ́ется, что мы воспо́льзуемся доста́вленными свѣ́дѣніями соверше́нно конфиденціа́льно и безъ вся́кой для Васъ отвѣ́тственности.

Зара́нѣе благодаря́ Васъ за услу́гу, пребыва́емъ съ соверше́ннымъ почтеніемъ

*Мори́съ Пино́.*

## 23. Réponse à la précédente demande.

Сара́товъ, 15/28 ма́я 191 ... го́да

Господи́ну М. Пино́. Пло́щадь Мери́и въ Марсе́лѣ

Ми́лостивый Госуда́рь.

Торго́вый Домъ Ермо́ловъ и К⁰, о кото́ромъ Вы запра́шиваете, письмо́мъ отъ 18/5 сего́ ма́я, представля́етъ соли́дное комме́рческое учрежде́ніе и облада́етъ значи́тельнымъ капита́ломъ.

Занима́ясь въ продолже́ніи сли́шкомъ 20 лѣтъ, ме́жду други́ми опера́ціями, коммиссіо́нной поку́пкой хлѣ́ба, онъ всегда́ исполня́лъ поруче́нія добросо́вѣстно и аккура́тно. Намъ не приходи́лось слы́шать на э́тотъ счётъ каки́хъ ли́бо жа́лобъ. Глава́ До́ма г. Ермо́ловъ облада́етъ тре́буемой о́пытностью и извѣ́стенъ на мѣ́стѣ съ о́чень хоро́шей стороны́.

По на́шему мнѣ́нію поруче́ніе означенному До́му поку́пки хлѣ́ба, съ вы́дачею да́же таки́хъ значи́тельныхъ ава́нсовъ, каки́е и Вы ука́зывали, не представля́етъ ри́ска.

Ра́дуясь быть Вамъ поле́знымъ, про́симъ располага́ть сообще́нными свѣ́дѣніями безъ на́шей отвѣ́тственности.

Съ соверше́ннымъ уваже́ніемъ

*И. Зна́менскій.*

---

## 24. Autre modèle de demande.

Lyon, 15/2 декабря́ 191 ... го́да.

Тра́нспортной и Коммиссіо́нной Конто́рѣ «Ско́рость», въ Росто́вѣ на/Дону́.

Ми́лостивые Госуда́ри.

Представи́тель Торго́ваго до́ма: Наслѣ́дники Ив. Франце́вича, въ Ва́шемъ го́родѣ, предло-

жи́лъ вступи́ть въ торго́выя сноше́нія съ на́-
шей фа́брикой и отпусти́ть значи́тельную па́ртію
ба́рхатныхъ и шёлковыхъ това́ровъ съ креди́-
томъ до 40 ты́сячъ рубле́й, и́ли свы́ше 100 ты́-
сячъ фра́нковъ.

Такъ какъ на́званная фи́рма намъ соверше́н-
но не извѣ́стна, мы обраща́емся къ Вамъ и
имѣ́емъ честь проси́ть сообщи́ть свѣ́дѣнія о
соли́дности фи́рмы и о размѣ́рѣ заслу́живаема-
го креди́та.

Мы увѣ́рены, что въ виду́ Ва́шихъ обши́р-
ныхъ комме́рческихъ знако́мствъ Вы смо́жете
дать намъ на э́тотъ счётъ поле́зныя свѣ́дѣнія.

Сообщёнными свѣ́дѣніями мы воспо́льзуемся
соверше́нно конфиденціа́льно и безъ вся́кой для
Васъ отвѣ́тственности за уще́рбъ, кото́рый могъ
бы произойти́.

Зара́нѣе благода́рные за исполне́ніе про́сьбы
остаёмся съ соверше́ннымъ уваже́ніемъ:
по довѣ́рію Андреа́съ и K⁰ Л. Пти.

---

# 25. Réponse défavorable.

Росто́въ на/Дону́, 17/30 декабря́ 191 ... го́да.

Това́риществу Андреа́съ и K⁰ въ Ліо́нѣ.

### Ми́лостивые Госуда́ри.

Озна́ченный въ Ва́шемъ письмѣ́ отъ 15/2 де-
кабря́ торго́вый домъ допусти́лъ до проте́ста
свои́ векселя́ — посему́ торго́выя сноше́нія съ
нимъ ну́жно счита́ть риско́ванными.

Прося́ храни́ть, какъ Вы любе́зно предла-
га́ете, содержа́ніе на́шего отвѣ́та въ та́йнѣ,
пребыва́емъ къ Вамъ съ соверше́ннымъ почте́-
ніемъ

По довѣ́ренности: Тра́нспортная и Коммис-
сіо́нная Конто́ра «Ско́рость» Вигуле́въ.

---

## 26. Lettre de recommandation délivrée par une maison française.

Maurice Champion et C-ie. Fabrique de savons.
00, rue d'Orléans.

Господи́ну Драги́лёву въ Оде́ссѣ.

Ми́лостивый Госуда́рь.

Настоя́щимъ имѣ́емъ честь поручи́ть Ва́шему благоскло́нному внима́нію г. Луи́ Пужа́, предста́ви́теля фи́рмы Жанъ Клемансо́ и К⁰, фабрика́нтовъ суко́нныхъ и други́хъ тка́ней, отправля́ющагося въ г. Оде́ссу и други́е гла́вные города́ Росси́и съ цѣ́лью завяза́ть торго́выя сноше́нія съ соотвѣ́тствующими дома́ми.

Вы ока́жете намъ большу́ю услу́гу, е́сли снабди́те г. Пужа́ поле́зными свѣ́дѣніями по предме́ту, входя́щему въ кругъ его́ зада́чи.

Е́сли э́то не бу́детъ больши́мъ злоупотребле́ніемъ Ва́шей любе́зностью, мы проси́ли бы снабди́ть г. Пужа́ рекоменда́тельными пи́сьмами въ други́е города́ Росси́и, что за ограни́ченностью на́шихъ знако́мствъ тамъ мы са́ми сдѣ́лать не мо́жемъ.

Зара́нѣе благодаря́ за всё поле́зное, что Вамъ бу́детъ уго́дно сдѣ́лать для рекоменду́емаго и прося́ располага́ть на́ми въ подо́бныхъ слу́чаяхъ, пребыва́емъ съ соверше́ннымъ почте́ніемъ
*М. Шампіо́нъ и К⁰.*

---

## 27. Autre modèle de recommandation.

Dijon, 23/10 ію́ля 191 ... го́да.

Jean Richard. Ingénieur-constructeur. 00, Boulevard Ribot.

Господи́ну И. Ефи́мову въ Москвѣ́.

Ми́лостивый Госуда́рь.

Предъяви́тель настоя́щаго письма́ г. Мижо́, представи́тель фи́рмы Дюфре́нъ и К°, съ кото́рой мы мно́го лѣтъ состои́мъ въ дѣловы́хъ сноше́ніяхъ, имѣ́етъ посѣти́ть Москву́ и други́е значи́тельные города́ Росси́и съ цѣ́лью ознако́миться и завяза́ть сноше́нія съ фи́рмами, занима́ющимися прода́жей иностра́нныхъ винъ.

Вы кра́йне обя́жете насъ, если ока́жете ему́ содѣ́йствіе совѣ́томъ и указа́ніемъ фирмъ, кото́рымъ онъ мо́жетъ довѣ́риться.

Кро́мѣ того́, зна́я Ва́шу любе́зность и извиня́ясь за злоупотребле́ніе таково́й, мы проси́ли бы снабди́ть г. Мижо́ рекоменда́тельными письма́ми въ други́е города́ Росси́и.

Зара́нѣе принося́ и́скреннюю благода́рность за услу́ги, кото́рыя Вамъ уго́дно бу́детъ оказа́ть г. Мижо́, пребыва́ю съ соверше́ннымъ почте́ніемъ

*Жанъ Риша́ръ.*

---

# 28. Lettre de recommandation délivrée par une maison russe.

Никола́евъ. 20 января́ (2 февраля́) 191 ... го́да.

Господи́ну Алекса́ндру Перре́ въ г. Бордо́.

Ми́лостивый Госуда́рь.

Настоя́щимъ мы про́симъ любе́зно приня́ть и дать поле́зныя указа́нія предъяви́телю письма́ г. Баранце́вичу, кото́рый отправля́ется по поруче́нію на́шего дру́га г. Афана́сьева, владѣ́льца кожеве́ннаго заво́да въ на́шемъ го́родѣ, съ цѣ́лью ознако́миться и завяза́ть сноше́нія съ фи́рмами, имѣ́ющими отноше́ніе къ вы́дѣлкѣ и прода́жѣ кожеве́нныхъ издѣ́лій.

Мы бу́демъ Вамъ о́чень благода́рны, е́сли Вы дади́те рекомендо́ванному поле́зные совѣ́ты и указа́нія фирмъ, съ кото́рыми мо́жно бы́ло бы безъ ри́ска завяза́ть сноше́нія.

Всѣ ока́занныя г. Баранце́вичу услу́ги мы почтёмъ за ока́занныя намъ ли́чно.

Благодаря́ зара́нѣе за исполне́ніе про́сьбы и въ наде́ждѣ быть Вамъ въ свою́ о́чередь поле́знымъ пребыва́ю съ соверше́ннымъ почте́ніемъ

*М. Васи́льевъ.*

---

# 29. Recommandation en faveur d'un commis-voyageur d'une maison russe.

Либа́ва, 7/10 ію́ля 191 ... го́да.

Акціоне́рному О́бществу « Express » въ Нанси́.

### Ми́лостивые Госуда́ри.

Въ одно́мъ изъ послѣ́днихъ пи́семъ мы Вамъ сообщи́ли о намѣ́реніи посла́ть въ Нанси́ и други́е больши́е города́ Фра́нціи на́шего комми-вояже́ра съ цѣ́лью ознакомле́нія соотвѣ́тствующихъ фирмъ съ на́шими това́рами.

Поруча́я Ва́шему внима́нію г. Миха́йлова, какъ назна́ченнаго комми-вояже́ромъ для э́того объѣ́зда, поко́рнѣйше про́симъ дать ему́ совѣ́ты и указа́нія, каса́ющіеся фирмъ, торгу́ющихъ ры́бными и о́вощными консе́рвами и вся́кихъ други́хъ фирмъ, имѣ́ющихъ отноше́ніе къ э́тому ро́ду торго́вли.

Вы насъ чрезвыча́йно обя́жете, е́сли вы́ дади́те ему́ рекоменда́тельныя пи́сьма на други́е города́, кото́рые по Ва́шему мнѣ́нію поле́зно бы́ло бы посѣти́ть г. Михай́лову.

Зара́нѣе благода́рны за содѣ́йствіе, кото́рое Вамъ благоугод́но бу́детъ оказа́ть на́шему по-

**3**

слоному и прося́ располага́ть на́ми въ подо́бныхъ слу́чаяхъ, пребыва́емъ съ соверше́ннымъ уваже́ніемъ

*П. Костри́цынъ и К°.*

---

# 30. Recommandation en faveur d'un chef de maison se rendant en Russie pour une entreprise.

Господи́ну Ив. Ив. Зна́менскому. — Инжене́ръ-меха́нику въ г. Оде́ссѣ.

### Ми́лостивый Госуда́рь.

Предъяви́тель письма́ г. Ипполи́тъ Пти, къ кото́рому мы пита́емъ са́мое и́скреннее уваже́ніе, отправля́ется въ Оде́ссу для устро́йства заво́да для вы́дѣлки расти́тельныхъ ма́селъ.

Вы насъ кра́йне обя́жете, е́сли ока́жете г. Пти любе́зный пріёмъ и придёте на по́мощь и совѣ́томъ и указа́ніемъ относи́тельно мѣ́стныхъ усло́вій и всего́, въ чёмъ онъ встрѣ́титъ на́добность. Ва́ши услу́ги бу́дутъ тѣмъ бо́лѣе цѣ́нны, что г. Пти недоста́точно ещё осво́ился съ ру́сскимъ языко́мъ.

Всѣ услу́ги, кото́рыя Вамъ благоуго́дно бу́детъ оказа́ть рекоменду́емому на́ми, мы принима́емъ какъ ока́занныя намъ ли́чно.

Зара́нѣе благодаря́ за исполне́ніе про́сьбы и въ наде́ждѣ быть Вамъ, въ свою́ о́чередь, поле́зными пребыва́емъ съ уваже́ніемъ

*Пьеръ Марша́лъ.*

---

# 31. Recommandation en faveur d'un ingénieur des mines.

Господи́ну С. Рабино́вичу въ Екатериносла́вѣ.

Ми́лостивый Госуда́рь.

Предъяви́тель письма́ инжене́ръ Массена́ командиро́ванъ на́шимъ О́бществомъ для произво́дства изыска́ній и развѣ́докъ желѣ́зной руды́ на уча́сткѣ, заарендо́ванномъ въ Екатериносла́вскомъ уѣ́здѣ.

Поруча́я г. Массена́ Ва́шему любе́зному внима́нію, поко́рнѣйше про́симъ не отказа́ть ему́ въ совѣ́тахъ и указа́ніяхъ какъ по ча́сти передвиже́нія, такъ и непосре́дственно относя́щихся къ предме́ту его́ зада́чи.

Ва́ши совѣ́ты и указа́нія тѣмъ бо́лѣе бу́дутъ цѣ́нны, что Вамъ, какъ поставщику́ на рудники́ маши́нъ, хорошо́ извѣ́стенъ райо́нъ и всё относя́щееся къ развѣ́дкѣ и эксплоата́ціи рудъ.

Извиня́ясь за безпоко́йство и благодаря́ зара́нѣе за услу́гу, пребыва́емъ съ соверше́ннымъ почте́ніемъ

*Акц. Общ. «Рона́» — С. Плуга́.*

---

# 32. Demande d'une maison russe de correspondre en russe.

Торго́вый Домъ С. Орло́въ и П. Козло́въ
въ Вя́зьмѣ.

Фи́рмѣ «Бра́тья Бара́съ» въ Пари́жѣ.

Ми́лостивые Госуда́ри.

Настоя́щимъ письмо́мъ еще́ разъ про́симъ Васъ писа́ть намъ по-ру́сски, а не по-францу́зски. Намъ невозмо́жно иска́ть перево́дчиковъ ка́ждый разъ, когда́ получа́ются отъ Васъ пи́сьма.

Мы Вамъ еще́ разъ повторя́емъ, что е́сли Вы жела́ете, что́бы Ва́ши проду́кты и издѣ́лія имѣ́ли у насъ успѣ́хъ, то совѣ́туемъ отпеча́-

тать на ру́сскомъ языкѣ́ проспе́кты и катало́ги. Ма́ло имѣ́ть хоро́шій това́ръ и да́же тако́й, въ кото́ромъ нужда́ются, — ну́жно, что́бы о нёмъ зна́ли непосре́дственно потреби́тели. Бу́дьте увѣ́рены, что на 150 милліо́новъ жи́телей Росси́и ме́нѣе полупроце́нта сумѣ́етъ разобра́ться во францу́зскихъ катало́гахъ. Въ тако́мъ положе́ніи нахо́дятся купцы́ не то́лько дереве́нь, но и провинціа́льныхъ городо́въ.

В ожида́ніи отъ Васъ пи́семъ на ру́сскомъ языкѣ́, остаёмся съ соверше́ннымъ почте́ніемъ

По дов. *С. Орло́ва и П. Козло́ва*

*М. Позна́нскій.*

---

# 33. Demande à la rédaction d'un journal d'insérer une réclame

Пари́жъ, 25/12 февраля́ 191 ... го́да.

Жюль Вера́нъ. Заво́ды въ Н ... У́лица С.-Лаза́ръ № ... Пари́жъ. Телефо́нъ 2.600.

Въ Реда́кцію «Комме́рческихъ Вѣ́домостей». Галёрная № 0. Петрогра́дъ.

М. Г. Господи́нъ Реда́кторъ-Изда́тель.

Честь имѣ́емъ увѣ́домить Васъ, что по́сланный Ва́ми тари́фъ для объявле́ній полу́ченъ. Мы счита́емъ его́ пріе́млемымъ лишь при усло́віи ски́дки не ме́нѣе чѣмъ въ 15%. Мы бу́демъ печа́тать на́ше объявле́ніе 20 разъ въ мѣ́сяцъ. Его́ величина́ въ 250 строкъ.

Е́сли Вы согласи́тесь сдѣ́лать проси́мую ски́дку, то мы подпи́шемъ догово́ръ на оди́нъ годъ съ пра́вомъ его́ возобновле́нія на тѣхъ же усло́віяхъ еще́ на три го́да.

На́ша фи́рма уже́ извѣ́стна въ Росси́и благодаря́ стара́ніямъ на́шего поко́йнаго представи-

теля. Въ виду' собы'тій и огро'мнаго, спро'са у
Васъ на на'ши издѣ'лія — мы счита'емъ ну'ж-
нымъ рекла'му на ру'сскомъ языкѣ' въ столь
распространённомъ о'рганѣ, какъ Вашъ.

Изъ те'кста объявле'нія Вы ви'дите, что на'ша
спеціа'льность всевозмо'жные станки' для рабо'тъ
по де'реву и мета'ллу.

Въ ожида'ніи Ва'шего отвѣ'та, съ соверше'н-
нымъ почте'ніемъ

По дов. Брэнъ.

---

## 34. Autre lettre du même genre.

Оде'сса, 2/15 ма'рта 191 ... го'да.

Торго'вый Домъ Вдова' и Наслѣ'дники К. К. Го-
ро'ховыхъ. Дериба'совская ул. № ... Тел. 5-31.
Складъ : Но'во-Моско'вская № ... А'дресъ для те-
легра'ммъ Когоро'хъ-Оде'сса.

Въ реда'кцію «Мате'нъ» въ Пари'жѣ.

Ми'лостивые Госуда'ри.

Честь имѣ'емъ проси'ть Васъ помѣсти'ть въ
Ва'шей уважа'емой газе'тѣ прилага'емое объяв-
ле'ніе. Печа'тайте его' на 4 и'ли 6 страни'цѣ т. е.
на послѣ'дней. Про'симъ помѣсти'ть весь текстъ,
не счита'я клише', на 170 строка'хъ и печа'тать
пе'рвый мѣ'сяцъ по 5 разъ въ недѣ'лю, второ'й
и слѣ'дующіе мѣ'сяцы по 4 ра'за.

Подпи'санный на'ми контра'ктъ мы вручи'ли
Ва'шему представи'телю вмѣ'стѣ съ пе'рвымъ
взно'сомъ въ ви'дѣ зада'тка. Остально'е бу'детъ
упло'чено въ ука'занные въ контра'ктѣ сро'ки.

Въ наде'ждѣ на то, что францу'зская рекла'ма
тѣснѣ'е свя'жетъ интере'сы Фра'нціи и Росси'и,
—про'симъ приня'ть увѣре'ніе въ на'шемъ со-
верше'нномъ почте'ніи

Л. Кли'мовъ, Гла'вный бухга'лтеръ.

# 35. Lettre à son créditeur d'un commerçant qui se trouve dans une situation pénible.

Господи́ну Ива́ну Ива́новичу Ермо́лову. Фа́брика суко́нъ въ Москвѣ́.

## Ми́лостивый Госуда́рь.

Съ чрезвыча́йнымъ огорче́ніемъ мы вы́нуждены обрати́ться къ Вамъ съ настоя́щимъ письмо́мъ по слѣ́дующему приско́рбному слу́чаю.

Вотъ уже́ почти́ пятна́дцать лѣтъ какъ мы имѣ́емъ честь состоя́ть Ва́шими покупа́телями. Нача́въ торго́влю съ са́мыхъ скро́мныхъ размѣ́ровъ, каки́е то́лько позволя́етъ нашъ райо́нъ и усло́вія на́шего ры́нка.

На э́томъ пути́ мы со вре́мени на́шего знако́мства шли съ Ва́ми, мо́жно сказа́ть рука́ объ ру́ку. Вы всегда́ ока́зывали намъ внима́ніе и подде́ржку креди́томъ и не дава́ли основа́нія жа́ловаться на каки́я либо стѣсне́нія; мы съ свое́й стороны́, принима́ли всѣ стара́нія, что́бы оправда́ть платежи́ и быть досто́йными Ва́шего внима́нія.

Къ приско́рбію неурожа́й про́шлаго го́да, при засто́ѣ въ дѣла́хъ въ тече́ніи двухъ предыду́щихъ лѣтъ разстро́илъ пра́вильный курсъ на́шихъ дѣлъ до тако́й стѣ́пени, что въ настоя́щемъ году́, несмотря́ на всѣ при́нятыя мѣ́ры, намъ не удало́сь возстанови́ть пре́жній поря́докъ. Къ кра́йнему на́шему огорче́нію мы ви́димъ, что не въ состоя́ніи оправда́ть на́шихъ платеже́й и вы́нуждены допусти́ть векселя́ до проте́ста.

Не жела́я оставля́ть Васъ въ невѣ́дѣніи относи́тельно дѣйстви́тельнаго положе́нія веще́й и относи́тельно на́шихъ намѣ́реній и не имѣ́я въ виду́ прибѣга́ть къ каки́мъ бы то ни́ было уло́вкамъ, безъ отноше́нія къ тому́, бы́ли бы онѣ́ намъ поле́зны, мы въ кра́ткихъ, но правди́выхъ слова́хъ излага́емъ на́ше положе́ніе.

Нашъ пасси́въ простира́ется до 2 милліо́новъ рубле́й, изъ кото́рыхъ на Ва́шу до́лю прихо́дится о́коло 1¹/₂ милліо́на. Е́сли кредито́ры не бу́дутъ къ намъ благоскло́нны, мы принуждены́ ликвиди́ровать дѣ́ло и не надѣ́емся уплати́ть Вамъ нали́чными бо́лѣе 40⁰/₀. Е́сли Вы пожела́ете получи́ть обра́тно оста́токъ това́ра, э́то мо́жетъ доба́вить ещё 30-35⁰/₀. Коне́чно при тако́мъ оборо́тѣ дѣ́ла мы ока́жемся соверше́нно и безповоро́тно разорё́нными.

Излага́я вышеизло́женное, мы обраща́емся къ Вамъ, какъ гла́внымъ кредито́рамъ, съ поко́рнѣйшей про́сьбой: не сочтёте-ли Вы возмо́жнымъ не прибѣга́ть къ разори́тельнымъ мѣ́рамъ вы́нужденной ликвида́ціи и не найдёте ли напро́тивъ справедли́вымъ и поле́знымъ поддержа́ть дѣ́ло въ возмо́жной для Васъ мѣ́рѣ.

Въ наде́ждѣ на благопрія́тный для насъ отвѣ́тъ, пребыва́емъ съ соверше́ннымъ къ Вамъ уваже́ніемъ

*Ива́нъ Ефи́мовъ.*

---

# 36. Réponse du créditeur.

**Господи́ну И. Ефи́мову съ С-ья́ми.**

**Ми́лостивый Госуда́рь Ива́нъ Па́вловичъ.**

Мы получи́ли Ва́ше почте́нное пи́сьмо отъ ... Выража́я сочу́вствіе по по́воду приско́рбно сложи́вшихся для Васъ обстоя́тельствъ, спѣши́мъ Васъ успоко́ить насчётъ на́шихъ намѣ́реній въ ликвида́ціи созда́вшагося положе́нія.

Какъ Вы могли́ справедли́во расчи́тывать, вызыва́ть ликвида́цію Ва́шего торго́ваго предпрія́тія соверше́нно не въ на́шихъ намѣ́реніяхъ.

Мы глубоко́ цѣ́нимъ Ва́шу торго́вую че́стность, въ кото́рой могли́ не разъ убѣди́ться и Ва́шу эне́ргію въ веде́ніи дѣ́ла. Допусти́ть Васъ до разоре́нія по́слѣ совмѣ́стной съ на́ми рабо́ты въ тече́ніи полтора́ деся́тка лѣтъ — это зна́чило бы для насъ, подрыва́ть исто́чникъ на́шего со́бственнаго благосостоя́нія.

Мы Васъ про́симъ продолжа́ть та́кже ре́вностно рабо́тать и, что́бы дать къ э́тому возмо́жность, мы разсро́чимъ платежи́ на вре́мя, како́е бу́детъ ну́жно. Бо́льше того́, что́бы обнови́ть вы́боръ, мы гото́вы отпусти́ть ещё това́ръ, въ размѣ́рѣ како́й Вы ука́жете да́же е́сли бы э́то бы́ло до 1 милліо́на рубле́й. Мы охо́тно та́кже возьмёмъ на себя́ урегули́ровать Ва́ши отноше́нія съ други́ми кредито́рами.

Вмѣ́стѣ съ симъ, мы дѣ́лаемъ распоряже́ніе объ отозва́ніи Ва́шихъ векселе́й, кото́рымъ наступа́ютъ сро́ки.

Благоволи́те, въ непродолжи́тельномъ вре́мени, пожа́ловать къ намъ, для оформле́нія отноше́ній.

Въ ожида́ніи Ва́шего прiѣ́зда, пребыва́емъ съ соверше́ннымъ уваже́ніемъ

Ив. Ермо́ловъ.

---

# 37. Billet à ordre à terme.

Покро́вская Слобода́, 3 сентября́, 191 ... го́да.

Ве́ксель на 20,000 рубле́й.

Тре́тьяго декабря́ ты́сяча девятьсо́тъ ... го́да по сему́ моему́ ве́кселю пови́ненъ я заплати́ть въ г. Москвѣ́ Това́риществу Вернье́ и К⁰ въ Ліо́нѣ два́дцать ты́сячъ рубле́й.

Моско́вскій 1-й ги́льдіи купе́цъ

Ива́нъ Петро́вичъ Вознесе́нскій.

---

## 38. Billet à ordre à terme.

Курскъ, 5 ноября́, 191 ... го́да.

Ве́ксель на 50,000 рубле́й.

Отъ сего́ числа́ че́резъ три ме́сяца и де́сять дней по сему́ ве́кселю пови́ненъ Торго́вый Домъ «Кли́мовъ и К⁰» заплати́ть фабрика́нту Альфо́нсу Руэ́ пятьдеся́ть ты́сячъ рубле́й.

По дове́ренности Торго́ваго До́ма «Кли́мовъ и К⁰», я́вленной у ку́рскаго нота́ріуса Мойсе́ева 5 января́ 191 ... г. за №

Ку́рскій ме́щани́нъ

*Ива́нъ Семе́новичъ Бухло́въ.*

---

## 39. Billet à ordre à vue.

Оде́сса, 10 ію́ня 191 ... го́да.

Ве́ксель на 25,500 рубле́й.

По предъявле́нію сего́ на́шего ве́кселя пови́ны мы заплати́ть, въ г. Оде́ссѣ, Анони́мному О́бществу «Люксъ» въ Пари́жѣ два́дцать пять ты́сячъ пятьсо́тъ рубле́й.

Насле́дники купца́ И. Петро́ва

*Ива́нъ Ива́новичъ Петро́въ.*
*Пётръ Ива́новичъ Петр́овъ.*

---

## 40. Billet à ordre à un délai de vue.

Арха́нгельскъ, 17 октября́ 191 ... г.

Ве́ксель на 80,000 рубле́й.

Че́резъ два́дцать дней по предъявле́ніи сего́ моего́ ве́кселя пови́ненъ я заплати́ть, въ гор. Арха́нгельскѣ, фа́брикѣ суко́нъ Бросса́ръ, Трибо́ и К⁰ въ Ліо́нѣ во́семьдесять ты́сячъ рубле́й.

Арха́нгельскій 1-й ги́льдіи купе́цъ

*Степа́нъ Ти́хоновичъ Бру́скинъ.*

## 41. Lettre de change à terme.

Пари́жъ, 18/5 сентября́ 191 ... го́да.

Ве́ксель на 5,000 фра́нковъ.

Второ́го января́, ста́раго сти́ля, 191 ... го́да по сему́ ве́кселю заплати́ть прика́зу Петрогра́дскаго междунаро́днаго Ба́нка, въ г. Оде́ссѣ, пять ты́сячъ фра́нковъ.

Това́рищество Клу и Кⁿ по довѣр. *Брэнъ.*

Оде́сскому купцу́ Ива́ну Ива́новичу Сли́зкину. Оде́сса. Ко́нная ул. №

---

## 42. Lettre de change à terme.

Петрогра́дъ, 7 января́ 191 ... го́да.

Ве́ксель на 10,000 рубле́й.

Отъ сего́ числа́ че́резъ три мѣ́сяца по сему́ ве́кселю заплати́те на́шему прика́зу, въ Москвѣ́, де́сять ты́сячъ рубле́й.

По довѣ́рен. Това́рищества Сі́у и Кⁿ

*Ле́онъ Сі́у.*

Прови́зору Ива́ну Ѳёдоровичу Бронште́йну. Москва́. Торго́вые ряды № ...

---

## 43. Lettre de change à vue.

Ліо́нъ, 25/12 октября́ 191 ... го́да.

Ве́ксель на 20,000 фра́нковъ.

По предъявле́нію сего́ ве́кселя заплати́те прика́зу Ліо́нскаго креди́та, въ г. Яросла́влѣ, два́дцать ты́сячъ фра́нковъ.

Фабрика́нтъ *Жозе́фъ Бру.*

Торго́вому До́му И. Карты́гинъ и С-ья́.

---

## 44. Lettre de change à un délai de vue.

Курскъ. 10 января 191 ... го́да.

Ве́ксель на 5,000 рубле́й.

Че́резъ три ме́сяца по предъявле́нiи сего́ ве́кселя заплати́те прика́зу Моско́вскаго Комме́рческаго Ба́нка, въ г. Воро́нежѣ, пять ты́сячъ рубле́й.

Ку́рскій 1-й ги́льдіи купе́цъ
*Степа́нъ Ива́новичъ Шу́мовъ.*

Купцу́ Григо́рію Три́фоновичу Ѳомину́. Воро́нежъ. Степна́я ул., № ...

---

## 45. Fondation d'une société en commandite d'édition de livres français et russes.

Ми́лостивый Госуда́рь.

Настоя́щимъ поставля́емъ Васъ въ извѣ́стность, что для книгоизда́тельства и торго́вли произведе́ніями печа́ти на ру́сскомъ и францу́зскомъ языка́хъ въ г. Оде́ссѣ мы учрежда́емъ това́рищество на вѣ́рѣ подъ фи́рмою: « А. Савтине́лль, П. Магдебу́ргскій и К⁰ ».

Учреди́телями и по́лными това́рищами явля́емся мы, нижеподписа́вшіеся, а вкла́дчиками на вѣ́рѣ пять лицъ, фами́ліи кото́рыхъ, въ виду́ ихъ ро́ли просты́хъ вкла́дчиковъ мы не упомина́емъ.

Скла́дочный капита́лъ, опредѣлёнъ на́ми въ 100.000 рубле́й, изъ кото́рыхъ 60,000 внесены́ на́ми — учреди́телями, а оста́льные 40,000 руб. вкла́дчиками.

О́пытность, пріобрѣтённая на́ми продолжи́тельной рабо́той надъ книгоизда́тельствомъ и

торго́влей кни́гами, пе́рвымъ изъ насъ во Фра́н-
ці́и, а вторы́мъ — въ Росси́и, даётъ намъ воз-
мо́жность поста́вить дѣ́ло раціона́льно и съ
зна́ніемъ тре́бованій чита́ющей и понима́ющей
пу́блики, а капита́лъ, предназна́ченный для
предпрія́тія, позволя́етъ довести́ его́ до тре́-
буемыхъ размѣ́ровъ и дать возмо́жность пу́бли-
кѣ пріобрѣсти́ хоро́шую кни́гу и по досту́пной
цѣнѣ́.

Пра́вить и распоряжа́ться дѣла́ми Това́ри-
щества бу́демъ мы, по́лные това́рищи-учреди́-
тели, совмѣ́стно и́ли кто ли́бо оди́нъ изъ насъ
по довѣ́ренности за друго́го; поэ́тому про́симъ
замѣ́тить на́ши по́дписи.

Мы бу́демъ подпи́сывать:

*А. Сантипе́ль*
*П. Магдебу́ргскій.*

---

# 46. Fondation d'une maison de corsets.

Яросла́вль, 5 октября́ 191 ... го́да.

M<sup>me</sup> Жени́ Дюкло́. Корсе́тный магази́нъ и фа́б-
рика въ г. Яросла́влѣ.

Ми́лостивая Госуда́рыня.

Имѣ́ю честь довести́ до Ва́шего свѣ́дѣнія,
что съ 1 ноября́, бу́дущаго мѣ́сяца, я откры-
ва́ю на Вознесе́нской ул., д. № 62, фа́брику и
магази́нъ корсе́товъ.

До́лгое пребыва́ніе въ ка́чествѣ управля́ющей
столь извѣ́стныхъ корсе́тныхъ магази́новъ, какъ-
то: Моро́, Паска́ль и др. въ Пари́жѣ, дало́ мнѣ
возмо́жность изучи́ть э́то дѣ́ло до мельча́й-
шихъ подро́бностей.

Мой деви́зъ: дать уважа́емой пу́бликѣ воз-
мо́жность пріобрѣсти́ корсе́тъ — изя́щный, ги-
гіени́чный и за вполнѣ́ досту́пную цѣ́ну.

Въ наде′ждѣ, что Вы удосто′ите меня′ зака′за-
ми и ли′чно убѣди′тесь въ аккура′тпости и изя′щ-
пости выполпе′нія, равпо′ какъ и въ умѣ′рен-
ности цѣнъ, пребыва′ю съ глубо′кимъ уваже′-
ніемъ

*Жепи′ Дюнло′.*

---

## 47. Fondation d'une maison de vente en Russie par une fabrique française.

Москва′, 5 февраля′ 191 ... го′да.

Бріо′нъ и К⁰. Фабрика′пты ба′рхатныхъ и шёл-
ковыхъ тка′ней въ Ліо′нѣ.

### М. Г.

Настоя′щимъ имѣ′емъ честь довести′ до Ва′ше-
го свѣ′дѣнія, что съ 1 ма′рта мы открыва′емъ въ
Ва′шемъ го′родѣ, па Воздви′жевкѣ въ до′мѣ № 20,
магази′пъ ба′рхатныхъ и шёлковыхъ тка′ней
исключи′тельпо па′шихъ со′бственпыхъ фа′брикъ
въ Ліо′нѣ. Всё возраста′ющее въ Москвѣ′ тре′-
бовапіе па па′ши това′ры убѣди′ло пасъ въ не-
обходи′мости дать возмо′жность моско′вской пу′б-
ликѣ имѣ′ть э′ти издѣ′лія въ наибо′льшемъ вы′-
борѣ и получа′ть изъ пе′рвыхъ рукъ по вполнѣ′
досту′пнымъ цѣ′намъ. Кро′мѣ того′, откры′тіе
со′бственнаго магази′па па мѣ′стѣ даётъ намъ
возмо′жпость сообразова′ть вы′дѣлку со вку′сомъ
гг. покупа′телей, равпо′ какъ и знако′митъ ихъ
съ то′лько что появи′вшимися нови′нками фран-
цу′зскихъ модъ.

Располага′я пу′жными сре′дствами, мы мо′-
жемъ предложи′ть Вамъ удо′бныя и льго′тныл
усло′вія платежс′й.

Въ надс′ждѣ, что Вы пе преми′нете убѣди′ть-
ся какъ въ изы′сканной вы′дѣлкѣ и высо′кихъ
ка′чествахъ на′шихъ това′ровъ, такъ и въ умѣ′-

ренности цѣнъ, про́симъ замѣ́тить по́дпись на́-
шего управля́ющаго магази́номъ и приня́ть
увѣре́ніе въ соверше́нномъ на́шемъ почте́ніи

*Брiо́нъ и К⁰.*

Управля́ющій магази́номъ бу́детъ подпи́сы-
вать: по дов. Брiо́нъ и К⁰ — Л. Брiо́нъ.

---

## 48. Changement causé par la mort d'un des associés.

М. Г.

Исполня́я печа́льную обя́занность, извѣща́-
емъ о гру́стной поте́рѣ пости́гшей насъ 8-го
сего́ февраля́ вслѣ́дствіе кончи́ны совладѣ́льца
фи́рмы Алексѣ́я Петро́вича Свистуно́ва.

Одновре́менно имѣ́емъ честь сообщи́ть что
на́ше Това́рищество бу́детъ продолжа́ть свои́
дѣ́йствія подъ пре́жней фи́рмой и въ пре́жнихъ
же размѣ́рахъ и что наслѣ́дница по духо́вному
завѣща́нію А́нна Ива́новна Свистуно́ва всту-
па́етъ во владѣ́ніе согла́сно това́рищескому до-
гово́ру, кото́рый сохрани́тъ впредь свою́ си́лу.

Благодаря́ Васъ за ока́зываемое намъ довѣ́-
ріе, про́симъ сохрани́ть таково́е и впредь.

Торго́вый домъ А. Свистуно́въ, П. Писку-
но́въ и К⁰

*П. Пискуно́въ.*

---

## 49. Retraite d'un des associés.

5 января́ 191 ... го́да.

А. и И. Кривцо́вы, Па́вловъ и К⁰. Писчебума́ж-
ная фа́брика. Ви́льна.

М. Г.

Мы, нижеподписа́вшіеся, имѣ́емъ честь увѣ́-
домить Васъ, что компаньо́нъ нашъ Ива́нъ Пе-

тро́вичъ Па́вловъ, по доброво́льному ме́жду на́ми соглаше́нію, вы́былъ изъ на́шего предпрія́тія. Де́ло на́ше остаётся на пре́жнихъ нача́лахъ и всѣ вы́данныя до сего́ обяза́тельства мы принима́емъ на свою́ отвѣ́тственность. Льстимъ себя́ наде́ждой, что Вы не оста́вите насъ довѣ́ріемъ, кото́рымъ до сего́ вре́мени мы по́льзовались.

Съ соверше́ннымъ почте́ніемъ

*Л. Кривцо́въ*
*И. Кривцо́въ.*

---

## 50. Nomination d'un fondé de pouvoir.

М. Г.

Ссыла́ясь на нашъ циркуля́ръ объ откры́тіи дѣ́йствій на́шего Това́рищества, имѣ́емъ честь довести́ до Ва́шего свѣ́дѣнія, что мы уполномо́чили инжене́ра Ива́на Про́хоровича Ко́рда завѣ́довать, совмѣ́стно съ на́ми, дѣла́ми Това́рищества и подпи́сывать отъ и́мени на́шей фи́рмы. Единоли́чная по́дпись г. Ко́рда на роспи́скахъ и корреспонде́нціи и вмѣ́стѣ съ по́дписью одного́ изъ насъ, нижепоименно́ванныхъ, на че́кахъ, обяза́тельствахъ и векселя́хъ имѣ́етъ обяза́тельную для Това́рищества си́лу.

Прося́ Васъ замѣ́тить нижеучинённую по́дпись г. Ко́рда, пребыва́емъ съ соверше́ннымъ почте́ніемъ Това́рищество « Люксъ ».

Това́рищи-распоряди́тели: *Л. Ивано́въ*
*И. Петро́въ.*

Г-нъ И. П. Кордъ бу́детъ подпи́сываться (по́дпись).

## 51. Lettre accompagnant une facture.

Г-ну К. П. Попо́ву. Здѣсь.

Вслѣ́дствіе Ва́шего почте́ннаго зака́за отъ 5-го сего́ мѣ́сяца при сёмъ имѣ́емъ честь препроводи́ть Вамъ счётъ на доста́вленный това́ръ на Руб. 750.000 за нали́чный разсчётъ.

Въ наде́ждѣ, что и впредь Вы насъ не оста́вите Ва́шими почте́нными зака́зами, пребыва́емъ съ соверше́ннымъ почте́ніемъ

Л. Тро́цкій.

---

## 52. Autre lettre accompagnant une facture.

Г-ну С. П. Фи́никову.

Городско́е.

При сёмъ имѣ́емъ честь препроводи́ть Вамъ счётъ на поста́вленный Вамъ това́ръ на су́мму
Руб. 2.350.000
расчётъ, по кото́рому поко́рнѣйше про́симъ, учини́ть согла́сно усло́вію.

Льстя себя́ наде́ждой, что и впредь вы не оста́вите насъ Ва́шими зака́зами, пребыва́емъ съ соверще́ннымъ почте́ніемъ

Л. Степа́новъ.

---

## 53. Retraite d'un fondé de pouvoir et nomination d'un autre.

М. Г.

Симъ имѣ́емъ честь увѣ́домить Васъ, что нашъ довѣ́ренный г. Арту́ръ Бенеди́ктовичъ Пара́нъ, оста́вилъ слу́жбу въ на́шемъ О́бще-

— 49 —

ствѣ и что мы предоста́вили пра́во по́дписи
инжене́ру Ма́рку Фили́пповичу Кру́лю, ниже-
учинённую по́дпись кото́раго про́симъ замѣ́тить.

Съ соверше́ннымъ почте́ніемъ Правле́ніе Акц.
О́бщества земледѣ́льческихъ маши́нъ

*А. Буржо́*

*С. Мише́ль.*

М. Ф. Круль бу́детъ подпи́сывать : (по́дпись).

---

# 54. Retour de marchandises.

### Ми́лостивый Госуда́рь.

Имѣ́емъ честь сообщи́ть Вамъ, что полу́чен-
ный това́ръ, 25 куско́въ кисеи́, вы́сланный Ва́-
ми по накладно́й Моско́вской желѣ́зной доро́-
ги за № 5275 и согла́сно письму́ отъ 3-го сего́
ію́ня, не соотвѣ́тствуетъ образца́мъ, кото́рые
бы́ли намъ вручены́ Ва́шимъ комми́-вояжёромъ,
вслѣ́дствіе чего́ мы лишены́, къ сожалѣ́нію,
возмо́жности приня́ть кисею́ и отсыла́емъ её
обра́тно.

Упло́ченныя 2.500 руб. про́симъ записа́ть въ
нашъ креди́тъ при увѣдомле́ніи.

Съ соверше́ннымъ почте́ніемъ

*А. Скворцо́въ.*

Накладна́я Моско́вской желѣ́зной доро́ги за
№ 5700 прилага́ется.

---

# 55. Note

### Москва́, 27 ма́я 191 ... го́да.

Слизняко́въ и К°. Фа́брика поло́тенъ. Москва́.

Факту́ра Г-ну Фе́ликсу Лю́двиговичу Жну,
в Люневи́ллѣ.

На про́данный и отпра́вленный Вамъ по же-
лѣ́зной доро́гѣ, ма́лой ско́ростью, това́ръ

| Марки. | Количество мѣстъ. | Наименованіе товара. | | Цѣна | Сумма. Руб. \| Коп. |
|---|---|---|---|---|---|
| А. | 50 | 1000 арш. въ 15 ящ. | » 60 | 600 | » |
| | я́щиковъ. 2500 | » въ 35 » | » 80 | 2000 | » |
| | | Ито́го . | Р. | 2600 | » |

Расхо́ды: Упако́вка . . . . . 8 р. — к.
Доста́вка къ вокза́лу . 2 р. 50 к.
Арте́ли за перено́ску . 1 р. 50 к.
Ито́го . . 12 р. — к. 12
Всего́ . . . Р. 2612

# 56. Facture.

Москва́, 15 октября́ 191 ... го́да.

Тра́нспортная конто́ра «Ско́рость». Москва́.

Накладна́я.

При́нято отъ Торго́ваго до́ма А. Кли́мовъ съ
С-я́ми для доста́вки по желѣ́зной доро́гѣ, ма́лой
ско́ростью, въ Нанси́ на и́мя Mogailan et C-ie

| Знаки и марки. | Число мѣстъ. | Родъ упаковки. | Наименованіе товара. | Вѣсъ нетто, | Вѣсъ брутто. | Сумма. |
|---|---|---|---|---|---|---|
| А.-С. | 17 | я́щики | | п. ф. | п. ф. | руб. к. |
| | | | полотно́ | 0 0 | 0 0 | 0 0 |

# 57. Connaissement.

Ру́сское О́бщество парохо́дства и торго́вли.

При́нято отъ Торго́ваго До́ма Крыло́въ и К°
на погру́зку на парохо́дъ «Оле́гъ», капита́нъ
Васи́льевъ, для доставле́нія въ Марсе́ль на и́мя
Ribot et C-ie

| Знаки и номера. | Число мѣстъ. | Родъ упаковки. | Наименованіе товара. | Вѣсъ нетто. | Вѣсъ брутто. | Сумма. |
|---|---|---|---|---|---|---|
| А - 1 | 15 | бочёнки | керосинъ | п. ф. | п. ф. | руб. к. |
| | | | | 00 00 | 00 00 | 00 00 |

## 58. Envoi d'un extrait de compte courant.

Москва́, 13 января́ 191 ... го́да.

Азо́вско-Донско́й Комме́рческій Банкъ. Москва́.

Акціоне́рному О́бществу «Антраци́тъ». Здѣсь.

Ми́лостивые Госуда́ри.

Препровожда́я при сёмъ вы́писку изъ Ва́шего теку́щаго счёта за № 2575, заключённаго на 31 декабря́ 191 ... го́да съ оста́ткомъ въ Ва́шу по́льзу 35.752 руб. 50 к., поко́рнѣйше про́симъ Васъ провѣ́рить ука́занную су́мму и вѣ́рность ея подтверди́ть на прило́женомъ бла́нкѣ въ возмо́жно непродолжи́тельномъ вре́мени.

Съ соверше́ннымъ почте́ніемъ Азо́вско-Донско́й Банкъ.

Директора́: *Н. Ажимо́въ*
*А. Фроло́въ.*

## 59. Extrait de compte courant.

Москва́. 20 января́ 191 ... го́да.

Акціоне́рное О́бщество «Антраци́тъ». Москва́.

Азо́вско-Донско́му Коме́рческому Ба́нку. Здѣсь.

Ми́лостивые Госуда́ри.

Препровождённая Ва́ми вы́писка изъ на́шего теку́щаго счёта за № 2575, заключённаго на 31-е декабря́ 191... го́да съ оста́ткомъ въ на́шу по́ль-

зу 35.752 руб. 50 к. по провѣ́ркѣ на́йдена пра́-
ви́льной.

Съ соверше́ннымъ почте́ніемъ Правле́ніе Акц.
О́бщества «Антраци́тъ». По́дписи.

---

## 60. Demande d'un extrait de compte courant.

Москва́, 28 декабря́ 191 ... го́да.

### Ми́лостивый Госуда́рь.

Настоя́щимъ поко́рнѣйше про́симъ Васъ не
отказа́ть въ присы́лкѣ намъ, въ возмо́жной ско́-
рости, вы́писки изъ на́шего счёта. необходи́-
мой для заключе́нія на́шихъ книгъ за истека́ю-
щій годъ.

Съ соверше́ннымъ почте́ніемъ

*П. Клино́въ.*

---

## 61. Envoi de l'extrait demandé.

Москва́, 31 декабря́ 191 ... го́да.

### Ми́лостивые Госуда́ри.

Въ отвѣ́тъ на Ва́ше почте́нное письмо́ отъ
28-го сего́ мѣ́сяца имѣ́емъ честь препроводи́ть
Вамъ извлече́ніе изъ Ва́шего счёта, кото́рый
заключёнъ на сіе число́ съ оста́ткомъ въ Ва́шу
по́льзу

85.785 р. 40 к.

Про́симъ Васъ по провѣ́ркѣ озна́ченной вы́-
писки подтверди́ть ся то́чность.

По́льзуясь слу́чаемъ вы́разить Вамъ свои́
найлу́чшія пожела́нія къ Но́вому го́ду, пребыва́-
емъ съ соверше́ннымъ почте́ніемъ

*С. С. Ку́щинъ.*

# 62. Notification d'une erreur dans un compte courant et demande de sa rectification.

Москва́, 4 января́ 191 ... го́да.

Ми́лостивый Госуда́рь.

Настоя́щимъ позволя́емъ себѣ́ замѣ́тить, что сравни́въ препровождённую Ва́ми при письмѣ́ отъ 31 декабря́ истёкшаго го́да вы́писку изъ на́шего счёта съ за́писями по на́шимъ кни́гамъ, мы нашли́, что такова́я не схо́дится въ слѣ́дующемъ: на 5 а́вгуста Вы записа́ли въ нашъ де́бетъ су́мму руб. 5000, представля́ющую опла́ту учтённаго на́ми ве́кселя и упусти́ли 6 а́вгуста записа́ть въ нашъ креди́тъ таку́ю же су́мму, упло́ченную векселеда́телемъ вышеозна́ченнаго ве́кселя. Вслѣ́дствіе э́того са́льдо Ва́шего де́бета вы́разился въ су́ммѣ не 85.785 руб. 40 к., а 90.785 р. 40 к.

Имѣ́емъ честь поко́рнѣйше проси́ть сдѣ́лать соотвѣ́тственное исправле́ніе и о послѣ́дующемъ не отказа́ть насъ увѣ́домить.

Принося́ Вамъ благода́рность за пожела́нія къ Но́вому го́ду, про́симъ Васъ приня́ть отъ насъ на́ши и́скреннія поздравле́нія.

Съ соверше́ннымъ почте́ніемъ

А. К.

---

# 63. Lettre de crédit.

Яросла́вль, 7 а́вгуста 191 ... го́да.

Банки́рской Конто́рѣ Плошъ и К⁰ въ г. Одс́ссѣ.

Ми́лостивые Госуда́ри.

Настоя́щимъ имѣ́емъ честь увѣ́домить, что мы акредито́вываемъ у Васъ г. Травайс́ра и про́симъ оказа́ть ему́ благоскло́нный прiёмъ.

Благоволи́те выпла́чивать г. Травайе́ру, за нашъ счётъ су́ммы, по его́ тре́бованiю, до деся́ти́ ты́сячъ рубле́й, съ удержа́нiемъ Ва́шихъ расхо́довъ, подъ двойну́ю квита́нцiю, оди́нъ экземпля́ръ кото́рой высыла́ть намъ при увѣ́домле́нiи и отмѣ́ча́я произведённыя вы́дачи на оборо́тѣ самого́ акредити́ва.

Съ соверше́ннымъ почте́нiемъ по дов. «Банки́рская конто́ра Кли́мовъ и К⁰»

*А. Шу́мовъ.*

Собственноручная по́дпись Л. И. Травайе́ра.

---

# 64. Lettre d'avis.

Яросла́вль, 7 а́вгуста 191 … го́да.

Банки́рской Конто́рѣ Плонъ и К⁰ въ г. Оде́ссѣ.

Ми́лостивые Госуда́ри.

Симъ имѣ́емъ честь увѣ́домить, что съ сего́ числа́ мы акредитова́ли у Васъ г. А. Н. Травайе́ра на су́мму до Руб. 10.000 (десяти́ ты́сячъ рубле́й), кото́рые про́симъ Васъ выпла́чивать ему́ по мѣ́рѣ предъявле́нiя тре́бованiй, подъ двойну́ю квита́нцiю, при увѣ́домле́нiи.

Съ соверше́ннымъ почте́нiемъ по дов. Банки́рская Конто́ра Кли́мовъ и К⁰»

*А. Шу́мовъ.*

---

# 65. Réponse à la lettre précédente.

Банки́рской Конто́рѣ Кли́мовъ и К⁰ въ г. Яросла́влѣ.

Ми́лостивые Госуда́ри.

Подтвержда́я получе́нiе Ва́шего почте́ннаго письма́ отъ 7-го сего́ мѣ́сяца, спѣши́мъ Васъ увѣ'домить, что по мѣ'рѣ предъявле'нія г. А. Н. Травайсе'ромъ тре'бованій су'мма, де'сять ты'сячъ рубле'й, на кото'рую Вы акредитова'ли его' у насъ, бу'детъ на'ми вы'плачена ему' съ соблю-де'ніемъ всѣхъ упомя'нутыхъ Ва'ми усло'вій.

По дов. Банки'рской Конто'ры Плонъ и Кⁿ

А. Абра'мовъ.

---

## 66. Demande de solder un compte.

Ми'лостивый Госуда'рь.

Просма'тривая на'ши торго'выя кни'ги, мы за-мѣ'тили, что за Ва'ми состоя'тъ ещё неупло'чен-ными:

```
106 р. 40 к. по счёту отъ 10 апрѣ'ля с. г.
102 р. 10 к.    »      »      »   7 ма'я        »
 50 р. 30 к.    »      в.      »  15 ма'я        »
```
-----
258 р. 80 к.

объ упла'тѣ каково'й су'ммы, въ ближа'йшемъ бу'дущемъ, мы настоя'щимъ поко'рнѣйше Васъ про'симъ.

Съ соверше'ннымъ почте'ніемъ по довѣр. Ив. Вигулёва

С. Сморгуно'въ.

---

## 67. Une autre demande plus énergique, mais polie de solder le compte.

Ми'лостивый Госуда'рь.

Такъ какъ по'сланный Вамъ при письмѣ' отъ 5 января' с. г. счётъ за № 57 остаётся до сего' вре'мени непокры'тымъ, причёмъ отвѣ'та на на'-ше письмо' не имѣ'ется, мы предполага'емъ тако-во'е уте'рянным на по'чтѣ и спѣши'мъ по-сла'ть тотъ же счётъ на сумму

2570 р. 50 к.

Въ виду́ пропу́щеннаго обусло́вленнаго сро́ка поко́рнѣйше про́симъ оплати́ть счётъ по возмо́жности безъ замедле́нія.

Въ ожида́ніи дальнѣ́йшихъ Ва́шихъ зака́зовъ, пребыва́емъ съ соверше́ннымъ почте́ніемъ по дов. И. И. Ми́рскаго

*С. Ми́рскій.*

---

## 68. Références délivrées par une maison française à son employé allant en Russie.

Предъяви́тель сего́ г. Франсуа́ Кода́, изъ го́рода Бордо́, прослужи́лъ во́семь лѣтъ въ ка́чествѣ продавца́ въ на́шемъ бакале́йномъ магази́нѣ. Обя́занности свои́ г. Кода́ выполня́лъ аккура́тно, добросо́вѣстно и съ зна́ніемъ дѣ́ла; исполне́ніе имъ де́нежныхъ поруче́ній не дава́ло по́вода къ недоразумѣ́ніямъ. Въ виду́ сего́ г. Кода́, расчита́вшійся по со́бственному жела́нію и отправля́ющійся для прiиска́нія заня́тій въ Росси́и мо́жетъ быть рекомендо́ванъ для слу́жбы при подо́бной торго́влѣ.

Владѣ́лецъ бакале́йнаго магази́на въ г. Бордо́

*Жакъ Траншъ.*

---

## 69. Exécution d'une commande et avis de la traite tirée.

Господи́ну Ив. Я. Бухи́нику въ г. Арха́нгельскѣ.

### М. Г.

Согла́сно Ва́шему почте́нному письму́ отъ 25/12 ма́я с. г. на́ми отпра́влено Вамъ три́дцать одна́ бо́чка вина́ на су́мму согла́сно прилага́емому счёту (и́ли факту́рѣ), въ руб. 000.

Означенную су́мму мы траси́ровали на Ва́съ прика́зу Петрогра́дскаго Комме́рческаго Ба́нка платежёмъ, согла́сно Ва́шему жела́нію, че́резъ три мѣ́сяца.

Прилага́емъ коноса́менты Сѣ́вернаго парохо́дства за № 5725, по кото́рому благово́лите уплати́ть.

Въ ожида́ніи Ва́шихъ дальнѣ́йшихъ зака́зовъ, пребыва́емъ съ соверше́ннымъ почте́ніемъ

*A. Boussel.*

---

# 70. Avis d'envoi d'un billet à ordre à la banque.

Господи́ну А. П. Трухло́ву, въ гор. Сара́товѣ.

### М. Г.

Симъ имѣ́ю честь увѣ́домить Васъ, что ве́ксель, вы́данный Ва́ми на́шему прика́зу на су́мму Руб. 5.500 ср., съ 20 ію́ня с. г. нахо́дится въ банки́рской конто́рѣ г. За́йцева, въ ва́шемъ го́родѣ, куда́ и прошу́ адресова́ть платёжъ.

Съ соверше́ннымъ почте́ніемъ

*A. Trousseau.*

---

# 71. Offre de produits de coco.

### Ми́лостивые Госуда́ри.

Преслѣ́дуя цѣль распростране́нія на́шихъ проду́ктовъ, мы сочли́ са́мымъ подходя́щимъ пре́жде всего́ обрати́ться къ Ва́шему почте́нному До́му, дѣ́ятельность кото́раго намъ хорошо́ извѣ́стна изъ сообще́ній на́шихъ корреспонде́нтовъ.

Вы легко́ согласи́тесь, что коко́совыя масла́, мы́ла и другі́е коко́совые проду́кты распространены' въ Росси'и о'чень сла'бо 'и что проду'кты э'того ро'да должны' бы заслу'живать бо'льшаго внима'нія, какъ по ка'честву содержи'маго, такъ и по сравни'тельной ихъ дешеви'знѣ.

Мы надѣ'емся, что Ва'ша торго'вая о'пытность дастъ намъ въ Ва'шемъ лицѣ' найлу'чшихъ распространи'телей на'шихъ проду'ктовъ. О высо'комъ ка'чествѣ на'шихъ проду'ктовъ, мы полага'емъ, Вы имѣ'ете свѣ'дѣнія; объ э'томъ та'кже свидѣ'тельствуютъ многочи'сленные о'тзывы, кото'рые Вы найдёте въ прилага'емой брошю'рѣ.

При сёмъ прилага'емъ нашъ прейсъ-кура'нтъ, къ кото'рому добавля'емъ, что въ виду' исключи'тельной ро'ли — распространи'телей на'шихъ това'ровъ, кото'рую мы Васъ про'симъ приня'ть на себя', мы гото'вы Вамъ сдѣ'лать возмо'жныя усту'пки и облегче'нія въ разсчётахъ.

Въ ожида'ніи пе'рваго про'бнаго Ва'шего зака'за, пребыва'емъ съ соверше'ннымъ почте'ніемъ

По дов. Armand et C-ie *А. Арма'нъ.*

---

# 72. Offre d'aspirine.

Société des Usines d'aspirine à № ... Depaux.

### Ми'лостивый Госуда'рь.

Настоя'щимъ имѣ'емъ честь довести' до Ва'шего свѣ'дѣнія, что на'ши заво'ды, существу'ющіе съ ... изготовля'ютъ аспири'нъ, ка'чествомъ, во вся'комъ слу'чаѣ, не уступа'ющимъ аспири'ну нѣмѣ'цкихъ фабри'къ и по цѣнѣ', кото'рая ниско'лько не вы'ше той, кото'рую Вы плати'ли за хоро'шій нѣмѣ'цкій аспири'нъ.

Рекоменду'я нашъ аспири'нъ, мы обѣща'емъ приня'ть всѣ мѣ'ры для бо'лѣе удо'бнаго для Васъ приня'тія зака'зовъ и бы'страго ихъ выполне'нія, равно' какъ мѣ'ры облегче'нія платежа'.

Съ э'тою цѣ'лью мы учрежда'емъ въ са'момъ не-
продолжи'тельпомъ вре'мени представи'тельства
въ наибо'лѣе кру'пныхъ це'нтрахъ Россі'и. До
сего' же, про'симъ обраща'ться непосре'дствен-
но въ нашъ гла'вный складъ, а'дресъ кото'раго
указа'нъ въ заголо'вкѣ, и руково'дствоваться
прилага'емымъ прейсъ-кура'нтомъ и проспе'к-
томъ съ ссы'лками на медици'нскіе авторите'ты,
признаю'щіе высо'кое ка'чество за на'шимъ ас-
пири'номъ.

Ожида'я Ва'шихъ почте'нныхъ зака'зовъ, пре-
быва'емъ съ соверше'ннымъ почте'ніемъ

По дов. Société des Usines d'aspirine à № ...

*М. Кушо'.*

---

# 73. Offre d'horlogerie.

М. Г.

Освѣдомлённые объ оборо'тахъ и соли'дной
постано'вкѣ дѣ'ла Ва'шего почте'ннаго До'ма, мы
мо'жемъ то'лько пожалѣ'ть, что до сихъ поръ не
имѣ'ли че'сти вступи'ть съ Ва'ми въ торго'выя
сноше'нія.

До сего' Вы получа'ли бо'льшую часть часо'въ
изъ Герма'ніи и до сего' мы, имѣ'я обши'рные
оборо'ты, какъ во Фра'нціи, такъ и на сторонѣ',
не имѣ'ли слу'чая познако'мить Васъ съ произ-
во'дствомъ на'шей фа'брики.

Какъ Вы уви'дите изъ прилага'емаго катало'га,
на'ша фа'брика выдѣ'лываетъ всѣ ви'ды часо'въ,
въ кото'рыхъ Вы имѣ'ете на'добность и на всѣ
цѣ'ны — отъ са'мыхъ просты'хъ до са'мыхъ
то'чныхъ.

О ка'чествѣ часо'въ мо'гутъ свидѣ'тельство-
вать какъ многочи'сленныя награ'ды на вы'став-
кахъ, такъ и о'тзывы мно'гихъ госуда'рствен-
ныхъ учрежде'ній, учёныхъ о'бществъ и уста-

новле′ній, равно′ какъ и промы′шленныхъ заведе′-
ній, кото′рыя мо′гутъ по′льзоваться то′лько безу-
кори′зненно то′чными часа′ми и кото′рыя останови′лись и′менно на на′шихъ.

Въ прейсъ-кура′нтѣ ука′заны цѣ′ны въ ро′з-
ничной прода′жѣ, съ кото′рой мы сдѣ′лаемъ Вамъ
ски′дку отъ ... до ... въ зави′симости отъ зна-
чи′тельности зака′за. Объ усло′віяхъ платежа′
мы усло′вимся при Ва′шемъ къ намъ обра-
ще′ніи. Само′ собо′ю разумѣ′ется, что Вы не най-
дёте ну′жнымъ наста′ивать дать Вамъ креди′тъ
на пе′рвый же зака′зъ, кото′рый бу′детъ вы′пол-
ненъ неме′дленно при получе′ніи 20°/₀ сто′имо-
сти зака′за; на остальну′ю су′мму кото′раго бу′-
детъ нало′женъ платёжъ.

Въ ожида′ніи Ва′шего ско′раго зака′за, пребы-
ва′емъ съ соверше′ннымъ почте′ніемъ Société
d'horlogerie Alfa.

По дов. Муронэ′.

---

# 74. Offre de machines et d'ustensiles agricoles.

Въ Кі′евскую Губе′рнскую Упра′ву въ г. Кі′евѣ.

### Ми′лостивые Госуда′ри.

Ознако′мившись по свѣ′дѣніямъ, со′браннымъ
на мѣ′стѣ съ ти′пами и ви′дами земледѣ′льче-
скихъ маши′нъ и ору′дій, въ кото′рыхъ Вы имѣ′е-
те на′добность для Ва′шихъ скла′довъ, мы при-
шли′ къ заключе′нію, что мы смѣ′ло мо′жемъ
предложи′ть Вамъ на′ши услу′ги по снабже′нію
Васъ таковы′ми маши′нами и ору′діями.

Мы предлага′емъ Ва′шему разсмотрѣ′нію при-
лага′емый катало′гъ и про′симъ обрати′ть осо′бое
внима′ніе на на′ши плуги′, буккера′, бо′роны,
сѣ′ялки, сѣнокоси′лки, жа′тки, сноповяза′лки,

ко́нныя гра́бли — кото́рые зарекомендова́ли себя́ какъ свое́ю про́чностью, такъ и лёгкостью хо́да и ма́лымъ вѣ́сомъ. Мы убѣди́тельно про́симъ Васъ та́кже останови́ть внима́ніе на на́шихъ локомоби́ляхъ и паровы́хъ молоти́лкахъ. Мы принима́емъ та́кже на себя́ по́лное обору́дованіе маслодѣ́льныхъ заво́довъ.

Преслѣ́дуя цѣль сдѣ́лать на́ши маши́ны и ору́дія извѣ́стными зе́мскимъ учрежде́ніямъ, мы гото́вы сдѣ́лать Вамъ значи́тельныя ски́дки съ цѣ́нъ, ука́занныхъ въ катало́гѣ, а та́кже возмо́жныя облегче́нія въ платежа́хъ.

Е́сли Вы пожела́ли бы сдѣ́лать значи́тельный зака́зъ и въ осо́бенности на маши́ны, тре́бующія устано́вки, а равно́ е́сли бы Вы нашли́ ну́жнымъ каки́я ли́бо поясне́нія, мы охо́тно, по пе́рвому Ва́шему тре́бованію, пришлёмъ Вамъ своего́ представи́теля.

Въ наде́ждѣ, что Ва́ши интере́сы подска́жутъ Вамъ обрати́ть до́лжное внима́ніе на на́ши издѣ́лія, пребыва́емъ съ соверше́ннымъ почте́ніемъ

---

# 75. Demande de porcs.

Въ Ви́ленскую Губе́рнскую Упра́ву въ Ви́льно.

## Ми́лостивые Госуда́ри.

Симъ имѣ́емъ честь довести́ до Ва́шего свѣ́дѣнія, что мы образова́ли въ г. N, во Фра́нціи, Торго́вое Това́рищество для вы́воза изъ Росси́и свине́й въ живо́мъ ви́дѣ.

Такъ какъ намъ извѣ́стно, что Ва́ша губе́рнія одна́ изъ тѣхъ, гдѣ свиново́дство дости́гло, среди́ се́льскихъ обыва́телей значи́тельныхъ размѣ́ровъ, мы хотѣ́ли бы организова́ть у Васъ заку́пки живо́тныхъ.

Разсчи́тывая что Губе́рнская Упра́ва, какъ учрежде́ніе пеку́щееся объ интере́сахъ населе́нія, встрѣ́титъ на́ше предложе́ніе съ по́лнымъ сочу́вствіемъ и ока́жетъ въ своёмъ лицѣ́ и въ лицѣ́ уѣ́здныхъ упра́въ возмо́жное содѣ́йствіе, мы имѣ́емъ честь проси́ть сообщи́ть намъ: 1) каковы́ главнѣ́йшія поро́ды разводи́мыхъ у Васъ свине́й; 2) возмо́жно ли бу́детъ организова́ть въ предѣ́лахъ губе́рніи ввѣ́ренной Ва́шей забо́тѣ значи́тельныя поку́пки свине́й; 3) кака́я у Васъ ры́ночная цѣна́ пу́да свиньи́ на мѣ́стѣ, въ живо́мъ ви́дѣ.

Е́сли полу́ченный отвѣ́тъ удовлетвори́тъ насъ, мы не замедли́мъ посла́ть на́шего аге́нта для собра́нія дета́льныхъ свѣ́дѣній и организа́ціи предпрія́тія.

Въ ожида́ніи Ва́шего ско́раго и благопрія́тнаго отвѣ́та, пребыва́емъ съ соверше́ннымъ почте́ніемъ.

---

# 76. Offre de peaux tannées.

Фа́брика галантере́йныхъ и коже́венныхъ издѣ́лій въ г. Москвѣ́.

### Ми́лостивые Госуда́ри.

Освѣдомлённые о больши́хъ размѣ́рахъ произво́дства и высо́комъ ка́чествѣ Ва́шихъ издѣ́лій, мы нашли́ вполнѣ́ кста́ти, обрати́ться къ Вамъ съ предложе́ніемъ съ цѣ́лью привле́чь Ва́ше внима́ніе на ко́жи, выдѣ́лываемыя на́шимъ заво́домъ.

Изъ прилага́емаго катало́га и проспе́кта Вы убѣди́тесь, что хотя́ для извѣ́стныхъ ви́довъ Ва́шихъ издѣ́лій Вы свобо́дно мо́жете по́льзоваться ко́жами мѣ́стныхъ заво́довъ, а равно́, какъ извѣ́стныхъ шве́дскихъ и англі́йскихъ за-

во́довъ, для други́хъ ви́довъ на́ши ко́жи, позво́ля́ем себѣ́ сказа́ть, оста́нутся внѣ конку-
ре́нціи.

Въ послѣ́дніе го́ды мы осо́бенно за́няты бы́-
ли усоверше́нствованіемъ вы́дѣлки на́шихъ
кожъ и дости́гли въ э́томъ значи́тельныхъ успѣ́-
ховъ, вмѣ́стѣ съ тѣмъ на́ми при́няты всѣ мѣ́-
ры къ возмо́жно бы́строму выполне́нію зака́-
зовъ. Увеличе́ніе капита́ла вло́женнаго въ пред-
пріл́тіе, даётъ намъ возмо́жность облегчи́ть
усло́вія платежа́ на́шимъ покупа́телямъ.

Надѣ́ясь, что на́ше стремле́ніе къ разви́тію
и усоверше́нствованію на́шего произво́дства
найду́тъ вѣ́рное сре́дство въ на́шихъ ко́жахъ,
мы съ увѣ́ренностью ожида́емъ ско́раго Ва́ше-
го зака́за и до сего́ пребыва́емъ съ соверше́н-
нымъ почте́ніемъ.

---

# 77. Demande d'houillères.

Въ Го́рно-техни́ческое бюро́ инжене́ра
Кусто́вскаго въ г. Луга́нскѣ.

### Ми́лостивые Госуда́ри.

Имѣ́я поруче́ніе подыска́ть въ Екатериносла́в-
ской губе́рніи уча́стокъ для эксплоата́ціи ка́-
меннаго угля́ и бу́дучи освѣ́домлены, что Ва́-
ше бюро́ принима́етъ на себя́ такі́я поруче́нія,
мы обраща́емся къ Вамъ за предвари́тельными
по сему́ предме́ту свѣ́дѣніями и про́симъ сооб-
щи́ть:

1) Имѣ́ете ли Вы предложе́нія, и́ли мо́жете
подыска́ть уча́стки съ у́глемъ спека́ющимся
и́ли таковы́е съ хоро́шими полуантраци́тами
и́ли, тѣмъ лу́чше, съ антраци́тами;

2) величина́ уча́стковъ и о́бщее коли́чество
угля́ на уча́сткѣ, спосо́бнаго для вы́работки;

3) каковы́ пласты́ на э́тихъ уча́сткахъ, на како́й глубинѣ́, ана́лизъ угля́, мо́щность пласто́въ;

4) сто́имость вы́работки и пла́та на рабо́чія ру́ки;

5) разстоя́ніе отъ желѣзнодоро́жной ста́нціи, сре́дства сообще́нія и усло́вія погру́зки, разстоя́ніе отъ ближа́йшаго го́рода;

6) на како́й наибо́лѣе продолжи́тельный срокъ и на каки́хъ усло́віяхъ мо́жно заарендова́ть уча́стокъ: усло́вія развѣ́докъ и эксплуата́ціи;

7) усло́вія Ва́шего вознагражде́нія за коми́ссію.

Е́сли свѣ́дѣнія, кото́рыя Ва́ми бу́дутъ сообщены́, бу́дутъ отвѣча́ть на́шимъ тре́бованіямъ, мы не заме́длимъ войти́ съ Ва́ми въ бо́лѣе бли́зкую перепи́ску.

Къ изло́женному добавля́емъ, что насъ интересу́ютъ то́лько бо́лѣе и́ли ме́нѣе кру́пныя предпрія́тія, т. е. уча́стки, на кото́рыхъ мо́жно бы́ло бы ежего́дно выраба́тывать не ме́нѣе 12 мил. пудо́въ угля́, но тре́бованіе на тако́е коли́чество угля́ могло́ бы быть пони́жено, е́сли бы оказа́лось, поло́жимъ, что э́то коли́чество, 12 милліо́новъ, мо́жно добы́ть на двухъ уча́сткахъ — смежны́хъ и́ли находя́щихся о́чень бли́зко оди́нъ отъ друго́го.

---

# 78. Demande de sel.

Акціоне́рному О́бществу соляны́хъ копе́й ю́жной Росси́и въ Ха́рьковѣ.

### Ми́лостивые Госуда́ри.

Настоя́щимъ имѣ́емъ честь проси́ть Васъ сообщи́ть, располага́ете ли Вы въ настоя́щее вре́мя для прода́жи 2-3 мил. пудо́въ ка́менной со́ли. Какова́ цѣна́ съ погру́зкой на ближа́йшей ста'нціи? Съ како'го вре'мени и въ како'й, возмо'жно непродолжи'тельный срокъ, Вы могли' бы поста'вить озна'ченное коли'чество? Како'въ тари'фъ до Оде'ссы или ближа'йшаго по'рта.

Всѣ'ми э'тими свѣ'дѣніями, сообщёнными въ возмо'жно ско'ромъ вре'мени, Вы насъ премно'го обя'жете.

Въ ожида'ніи отвѣ'та, пребыва'емъ съ соверше'ннымъ почте'ніемъ.

---

## 79. Demande de gros bétail.

Торго'вому До'му Куту'зовъ и К⁰ въ Черка'ссахъ.

### Ми'лостивые Госуда'ри.

Имѣ'я въ виду', что Вашъ почте'нный Домъ занима'ется поста'вкой рога'таго скота' на главнѣ'йшіе ры'нки Росси'и, какъ-то: Петрогра'дъ, Москва' и др., мы жела'ли бы услы'шать отъ Васъ, не бы'ло ли бы удо'бнымъ дѣ'лать у Васъ поку'пки черка'сскаго скота' для ры'нковъ Фра'нціи.

Для сего' мы про'симъ Васъ сообщи'ть, по како'й цѣнѣ' Вы могли' бы счита'ть пудъ быка', въ живо'мъ ви'дѣ, и е'сли цѣна' мѣня'ется по мѣ'сяцамъ го'да, то кака'я цѣна' на ка'ждый мѣ'сяцъ; цѣ'лый ли годъ и'ли въ продолже'ніи извѣ'стныхъ мѣ'сяцевъ Вы могли' бы поставля'ть намъ скотъ; ско'лько бу'детъ сто'ить доста'вка, вмѣ'стѣ съ накладны'ми расхо'дами, пу'да быка' до Оде'ссы и'ли друго'го по'рта Чёрнаго мо'ря, е'сли имѣ'ется таково'й, бо'лѣе удо'бный для погру'зки; могли' ли бы Вы дава'ть свои'хъ проводнико'въ до по'рта, вплоть до погру'зки живо'тныхъ на парохо'дъ; каковы' Ва'ши усло'вія разсчёта?

Мы про'симъ Васъ отнести'сь къ настоя'щему предложе'нію со всѣ'мъ внима'ніемъ и назна'чить са'мыя кра'йнія цѣ'ны, приня'въ во внима'ніе на'ше и'скреннее жела'ніе вступи'ть съ Ва'ми въ о'чень значи'тельныя опера'ціи.

Въ ожида'ніи Ва'шего ско'раго отвѣ'та пребыва'емъ съ соверше'ннымъ почте'ніемъ.

---

# 80. Demande de chevaux.

Въ Гла'вное Управле'ніе имѣ'ній Генера'ла Сине'льникова ст. Сине'льниково (Екатериносла'вской губе'рніи).

### Ми'лостивые Госуда'ри.

Намъ сообща'ютъ, что на Ва'шемъ заво'дѣ имѣ'ется для прода'жи значи'тельная па'ртія скаковы'хъ лошаде'й.

Имѣ'я въ виду' производи'ть заку'пки лошаде'й въ Росси'и, мы проси'ли бы Васъ сообщи'ть, на ско'лько вѣ'рно ука'занное сообще'ніе и како'й и'менно па'ртіей лошаде'й Вы располага'ете для прода'жи. Не имѣ'ется ли у Васъ рыси'стыхъ лошаде'й и е'сли Вашъ заво'дъ тако'й о'траслью конозаво'дства не занима'ется, не бы'ли-ли бы Вы любе'зны указа'ть намъ возмо'жно бо'льшее число' ру'сскихъ заво'довъ рыси'стыхъ лошаде'й.

По получе'ніи проси'мыхъ свѣ'дѣній, мы предполага'емъ въ са'момъ непродолжи'тельномъ вре'мени посла'ть на'шихъ аге'нтовъ для поку'пки въ Росси'и лошаде'й, — посему', Вы насъ премно'го обя'жете, сообщи'въ свѣ'дѣнія въ возмо'жно непродолжи'тельномъ вре'мени.

Въ ожида'ніи Ва'шего любе'знаго отвѣ'та, пребыва'емъ съ соверше'ннымъ почте'ніемъ

---

## 81. Demande de minerai de fer.

Господи́ну А. М. Ре́вичу, инже́неру въ го́родѣ Екатериносла́вѣ.

### Ми́лостивый Госуда́рь.

Ссыла́ясь на рекоменда́цію заво́довъ въ N, поруче́ніе кото́рыхъ Вы исполня́ли, имѣ́емъ честь проси́ть Васъ приня́ть на себя́ трудъ подыска́ть намъ 3-4 милліо́на пудо́въ желѣ́зной руды́, криворо́гскаго райо́на.

Руда́ должна́ содержа́ть не ме́нѣе 62% металли́ческаго желѣ́за и не ме́нѣе 50% куско́въ. Цѣна́ — на ука́занной ба́зѣ — 6 коп. пудъ; за проце́нты свы́ше 62 — соотвѣ́тственная приба́вка. Срокъ поста́вки 1 годъ.

Такъ какъ руда́ предназнача́ется для отпра́вки че́резъ портъ Никола́евъ, необходи́мое усло́віе сдѣ́лки быть обезпе́ченнымъ, что озна́ченный портъ мо́жетъ приня́ть въ пері́одъ поста́вки озна́ченное коли́чество. Мы проси́ли бы Васъ приня́ть наведе́ніе э́той спра́вки на себя́.

Въ вознагражде́ніе за Ва́ши труды́, издс́ржки и хло́поты, е́сли сдѣ́лка состои́тся че́резъ Ва́ше посре́дство, мы мо́жемъ предложи́ть ¼ коп. съ пу́да доста́вленнаго коли́чества.

Получе́ніе настоя́щаго письма́ про́симъ подтверди́ть.

Въ ожида́ніи Ва́шего благопрія́тнаго отвѣ́та, пребыва́емъ съ соверше́ннымъ почте́ніемъ

---

## 82. Offre d'installation de tramways.

Въ Херсо́нскую Городску́ю Упра́ву.

По свѣ́дѣніямъ, кото́рыми мы располага́емъ, г. Херсо́нъ до сихъ поръ не имѣ́етъ трамва́йнаго сообще́нія, ни электри́ческаго освѣще́нія.

Е'сли Херсо'нъ не свя'занъ конце'ссіей на устро'йство таково'го сообще'нія, мы намѣ'рены сдѣ'лать соотвѣ'тственное предложе'ніе.

На'ше О'бщество занима'ется проведе'ніемъ трамва'евъ вся'кой тя'ги (лошади'ной, парово'й, электри'ческой ра'зныхъ систе'мъ) и е'сли бы го'родъ останови'лся и'менно на электри'ческомъ трамва'ѣ, мы могли' бы взять на себя' и устро'йство электри'ческаго освѣще'нія.

Осно'ванное въ ... году' съ капита'ломъ въ ... м. фра'нковъ, О'бщество насчи'тываетъ по на'стоя'щее вре'мя ... сооруже'ній имъ ра'знаго ро'да трамва'евъ.

Свѣ'дѣнія э'ти мы даёмъ дабы' Упра'ва ви'дѣла, что имѣ'етъ дѣ'ло съ серье'знымъ предпри'нима'телемъ.

Мы имѣ'емъ честь проси'ть Городску'ю Упра'ву сообщи'ть намъ въ возмо'жно непродолжи'тельномъ вре'мени, свой отвѣ'тъ по содержа'нію сего' письма' и е'сли таково'й отвѣ'тъ бу'детъ утверди'тельнымъ, мы обрати'мся за бо'лѣе подро'бными свѣ'дѣніями и пошлёмъ свои'хъ инжене'ровъ для предвари'тельныхъ перегово'ровъ, изыска'ній и составле'нія смѣ'ты.

---

## 83. Demande de farines.

Господи'ну Л. М. Файнште'йну, мукомо'льныя ме'льницы въ г. Оде'ссѣ.

### Ми'лостивый Госуда'рь.

Настоя'щимъ имѣ'емъ честь проси'ть Васъ отвѣ'тить, обра'тной по'чтой, мо'жете ли Вы намъ прода'ть 250 ты'сячъ пудо'въ Ва'шей муки' № 1, 150 ты'сячъ пудо'въ № 0 и 100 ты'сячъ пудо'въ № 00, по цѣ'намъ: за пе'рвую — 1 р. 30 к. пудъ, втору'ю — 1 р. 70 к. и тре'тью — 1р. 80 к.,

на ме́льницѣ и съ поста́вкой таково́й въ шесть
мѣ́сяцевъ.

Хотя́ ука́занныя на́ми цѣ́ны ни́же на 5 — 25
коп. Ва́шихъ опто́выхъ цѣнъ и цѣнъ суще-
ству́ющихъ на Ва́шемъ ры́нкѣ, но така́я ра́з-
ница не предста́витъ полага́емъ мы, для Васъ
затрудне́нія — ввиду́ значи́тельности зака́за;
въ то вре́мя какъ для насъ ука́занныя цѣ́ны
явля́ются кра́йними, вы́ше кото́рыхъ мы, къ
на́шему сожалѣ́нію плати́ть не мо́жемъ.

По получе́ніи отъ Васъ благопрія́тнаго отвѣ́-
та мы неме́дленно присту́пимъ къ реализа́ціи
поку́пки.

Въ то же вре́мя мы проси́ли бы Васъ сооб-
щи́ть, что изъ себя́ представля́етъ но́вый вы́-
пущенный Ва́ми сортъ муки́ 000 и по како́й цѣ-
нѣ́ Вы могли́ бы счита́ть его́ въ опто́вой про-
да́жѣ.

Въ ожида́ніи Ва́шего ско́раго и благопрія́т-
наго отвѣ́та пребыва́емъ съ соверше́ннымъ
почте́ніемъ

---

# 84. Offre d'organiser des conduites d'eau.

Въ Верхнеднѣпро́вскую Городску́ю Упра́ву
г. Верхнеднѣпро́вскъ (Екатериносла́вской губ.).

## Ми́лостивые Госуда́ри.

Знако́мясь съ ру́сскими города́ми, мы обна-
ру́жили, что мно́гіе изъ нихъ, да́же бо́лѣе зна-
чи́тельные, не имѣ́ютъ водопрово́да. Къ числу́
э́тихъ городо́въ принадлежи́тъ и Вашъ го́родъ.

Мы не счита́емъ себя́ впра́вѣ дѣ́лать Вамъ
указа́нія, но тѣмъ не ме́нѣе позволя́емъ себѣ́
замѣ́тить, что города́ За́падной Евро́пы не
то́лько въ одина́ковыхъ съ Ва́шимъ го́родомъ

матеріа'льныхъ и други'хъ усло'віяхъ, но въ зна-чи'тельно ху'дшихъ имѣ'ютъ водоснабже'ніе. Во-доснабже'ніе сли'шкомъ ва'жная для населе'нія вещь, что'бы го'родъ могъ останови'ться пе'редъ допла'той изъ городски'хъ суммъ гара'нтіи ми'-нимума потребле'нія воды', безъ каково'й гара'н-тіи предпринима'тель не мо'жетъ обяза'ться устро'ить и эксплоати'ровать водопрово'дъ.

Расположе'ніе Верхнеднѣпро'вска при рѣкѣ'не мо'жетъ служи'ть основа'ніемъ для откла'дыванія устро'йства го'родомъ водопрово'да, — напро'тивъ, тако'е положе'ніе ускоря'етъ разрѣше'ніе вопро'са.

Обраща'ясь отъ и'мени Акціоне'рнаго О'бще-ства «Водоснабже'ніе», мы про'симъ Городско'е Управле'ніе вы'сказаться принципіа'льно по пред-ло'женному вопро'су и е'сли таково'й отвѣ'тъ бу'-детъ, въ чёмъ мы не сомнѣва'емся, утверди'-тельнымъ, то мы соста'вимъ смѣ'ту и сдѣ'лаемъ форма'льное предложе'ніе.

До сего' же пребыва'емъ съ соверше'ннымъ почте'ніемъ: по довѣр. о-ва «Водоснабже'ніе»

(По'дписи).

---

# 85. Offre pour l'installation d'égouts.

Въ Ха'рьковскую Городску'ю Упра'ву. Ха'рьковъ.

### Ми'лостивые Госуда'ри.

Вели'кій переворо'тъ, происше'дшій въ ру'с-ской жи'зни, не оста'нется, безъ сомнѣ'нія, безъ слѣда' на благоустро'йствѣ ру'сскихъ городо'въ. Ру'сскіе города', къ своему' сожалѣ'нію, должны' замѣ'тить, что относи'тельно благоустро'йства и оздоровле'нія, имъ ещё мно'гаго недостаётъ по сравне'нію съ города'ми За'падной Евро'пы. Ме'-жду э'тимъ «мно'гимъ» пе'рвое мѣ'сто безусло'в-но занима'етъ устро'йство канализа'ціи. Э'то — вопро'съ пе'рвой ва'жности, заслоня'ющій всѣ друг'е и нетерпя'щій отлага'тельства.

Въ по́лномъ убѣжде́нiи, что созна́нiе необходи́мости канализа́цiи назрѣ́ла въ городско́мъ управле́нiи ру́сскихъ городо́въ, францу́зскiе капитали́сты основа́ли соли́дное о́бщество съ капита́ломъ въ ... фр. для устро́йства въ ру́сскихъ города́хъ канализа́цiи.

О́бщество имѣ́етъ въ виду́, что при получе́нiи конце́ссiи сра́зу въ нѣ́сколькихъ города́хъ, оно́ насто́лько удешеви́тъ произво́дство рабо́тъ, что смо́жетъ предложи́ть са́мыя льго́тныя, небыва́лыя до сихъ поръ, усло́вiя проведе́нiя канализа́цiи.

Мы надѣ́емся, что г. Ха́рьковъ вы́скажется одни́мъ изъ пе́рвыхъ за проведе́нiе канализа́цiи и безъ замедле́нiя отвѣ́титъ о своёмъ согла́сiи.

По получе́нiи Ва́шего отвѣ́та мы неме́дленно командиру́емъ свои́хъ инжене́ровъ для произво́дства изыска́нiя и составле́нiя смѣ́ты.

Въ ожида́нiи, что Вы ока́жете сочу́вственный прiёмъ на́шему предложе́нiю, пребыва́емъ съ соверше́ннымъ почте́нiемъ.

По довѣ́р. О́-ва канализа́цiи « Santé »

М. Круэ́
Л. Бужа́ль.

---

# 86. Demande de mines d'or.

Въ горнотехни́ческое бюро́ Това́рищества ру́сскихъ инжене́ровъ. Ха́рьковъ.

### Ми́лостивые Госуда́ри.

Имѣ́я въ виду́ основа́ть во Фра́нцiи акцiоне́рное о́бщество для разрабо́тки золоты́хъ прíисковъ въ Европе́йской и Азiа́тской Россíи и въ наде́ждѣ по́льзоваться Ва́шими услу́гами при подыска́нiи золотоно́сныхъ уча́стковъ, мы позволя́емъ себѣ́ обрати́ться къ Вамъ за пред-

вари́тельными свѣ́дѣніями и́ли, скорѣ́е за попол-
не́ніемъ и провѣ́ркой о́бщихъ свѣ́дѣній, кото́-
рыя мы имѣ́емъ объ в́томъ предме́тѣ.

Имѣ́ются ли на Ура́лѣ уча́стки, на кото́рыхъ
мо́жно бы́ло бы останови́ться и́ли в́тотъ  райо́нъ при́знанъ неудо́бнымъ  для  эксплоата́ціи
золото́й руды́? По имѣ́ющимся  у насъ свѣ́дѣ-
ніямъ, залега́нія золотосодержа́щаго песка́ на
Ура́лѣ кра́йне непра́вильно; го́ры дѣ́лаютъ вы́-
работку кра́йне затрудни́тельной и до́рого сто́ю-
щей; ро́зсыпи на ни́зменностяхъ  о́тчасти вы́-
рабо́таны, другі́я мѣсторожде́нія не  заслу́жи-
ваютъ  внима́нія  вслѣ́дствіе  незначи́тельнаго
содержа́нія зо́лота; но что вмѣ́стѣ  съ  тѣ́мъ,
вслѣ́дствіе несоверше́нства вы́работки оста́вле-
ны мѣста́, гдѣ бы такова́я могла́  быть  возоб-
новлена́; что бѣ́дность залега́нія до извѣ́стной
сте́пени  возмѣща́ется  дешеви́зной  рабо́чихъ
рукъ.

Имѣ́ются ли еще́  го́дные  для  эксплоата́ціи
прі́иски въ Енисе́йскомъ райо́нѣ? Что каса́ется
сихъ послѣ́днихъ, то будто бы, представля́я бо́-
лѣе бога́тыя за́лежи, они́  имѣ́ютъ  труднопре-
одоли́мыя препя́тствія для разрабо́тки: что нѣтъ
ночти́ возмо́жности наня́ть рабо́чія ру́ки на мѣ́-
стѣ, что они́ о́чень удалены́ отъ путе́й сообще́-
нія и что суро́вость кли́мата дѣ́ластъ эксплоа-
та́цію въ нѣ́которыхъ мѣста́хъ кра́йне затруд-
ни́тельной.

Имѣ́я къ Вамъ по́лное довѣ́ріе, мы надѣ́емся,
что Вы вы́скажетесь съ по́лной открове́нностью,
изба́вите насъ отъ безпло́дныхъ по́исковъ и бу́-
дете на́шими сотру́дниками при подыска́ніи зо-
лотоно́сныхъ уча́стковъ въ райо́нахъ, гдѣ раз-
рабо́тка мо́жетъ представля́ть интере́съ.

Въ ожида́ніи отвѣ́та, пребыва́емъ къ Вамъ съ
соверше́ннымъ почте́ніемъ

*А. Дюбуа́*
*Л. Шантье́.*

# 87. Demande par un français d'un emploi en Russie.

Высокочти'мый Титъ Ти'тычъ!

Съ ра'ннихъ лѣтъ я посвяти'лъ себя' слу'жбѣ въ бакале'йныхъ и гастрономи'ческихъ магази'нахъ моего' родно'го го'рода Бордо', остава'ясь на слу'жбѣ подо'лгу и оставля'я её лишь тогда', когда' э'того настоя'тельно тре'бовали обстоя'тельства и'ли забо'та о свое'й карье'рѣ.

Изучи'въ ру'сскій язы'къ, я рѣши'лъ примѣни'ть пріобрѣ'тенную о'пытность въ Россі'и и при'былъ въ Оде'ссу въ наде'ждѣ найти' соотвѣ'тствующія заня'тія.

Полага'я, что я могу' быть вполнѣ' поле'знымъ, во мно'гихъ отноше'ніяхъ, на слу'жбѣ при Ва'шемъ бакале'йно-гастрономи'ческомъ магази'нѣ, среди' покупа'телей кото'раго должно' быть мно'го мои'хъ компатріо'товъ, поко'рнѣйше прошу' предоста'вить мнѣ таково'е мѣ'сто. Для нача'ла гото'въ поступи'ть за са'мое скро'мное вознагражде'ніе, въ наде'ждѣ, что Вы впослѣ'дствіи оцѣ'ните мои' стара'нія и вознагради'те по заслу'гамъ.

При семъ прилага'ю аттеста'цію о мое'й послѣ'дней слу'жбѣ. Кромѣ' того', о мои'хъ служе'бныхъ, нра'вственныхъ ка'чествахъ и поведе'ніи мо'жетъ засвидѣ'тельствовать ста'ршій бухга'лтеръ магази'на Мюръ и Мюрили'зъ — г. Этома'нъ, подъ руково'дствомъ кото'раго, въ г. Бордо'-же, я нѣ'которое вре'мя находи'лся.

Въ наде'ждѣ, что Вы обрати'те внима'ніе на настоя'щую про'сьбу и предоста'вите мнѣ ли'чно объясни'ться, остаю'сь съ глубо'кимъ къ Вамъ уваже'ніемъ

*Франсуа' Кадо'.*

# 88. Offre de produits chimiques.

Въ апте'чный складъ прови'зора М. Бро'вскаго
въ Ха'рьковѣ.

### Ми'лостивый Госуда'рь.

Настоя'щимъ имѣ'ю честь довести' до Ва'шего
свѣ'дѣнія, что съ 1-го ію'ня теку'щаго го'да я
назна'ченъ представи'телемъ для Ю'жной Россі'и
извѣ'стныхъ францу'зскихъ заво'довъ апте'чныхъ
препара'товъ въ г. N, департа'ментъ С. О ка'че-
ствѣ препара'товъ э'тихъ заво'довъ, счита'ю ли'ш-
нимъ распространя'ться. Препара'тами э'тими
снабжа'ется не то'лько Фра'нція, но Испа'нія,
Португа'лія и др. стра'ны и высо'кое ка'чество
ихъ при'знано медици'нскими авторите'тами. Что
каса'ется цѣнъ, таковы'я, какъ ви'дите Вы изъ
прейсъ-кура'нта са'мыя умѣ'ренныя, каки'я пла'-
тятся за хоро'шіе проду'кты э'того ро'да.

Откры'тіе представи'тельства на мѣ'стѣ даётъ
Вамъ возмо'жность получи'ть това'ръ бы'стро и
въ коли'чествѣ ну'жномъ въ да'нное вре'мя, имѣ'я
таки'мъ о'бразомъ проду'кты всегда' свѣ'жими;
оно' должно' устрани'ть вся'кія колеба'нія при
вы'пискѣ това'ровъ, такъ какъ въ слу'чаѣ каки'хъ
ли'бо недоразумѣ'ній, мы всегда' таковы'я мо'-
жемъ неме'дленно испра'вить.

Въ ожида'ніи Ва'шихъ почте'нныхъ зака'зовъ,
пребыва'ю съ соверше'ннымъ уваже'ніемъ

А. Брюно'.

# 89. Offre de produits pour des dentistes.

Това'рищество А. М. Крузо' и К°.
Складъ зубоврачо'бныхъ принадле'жностей
въ г. Москвѣ'.

### Ми'лостивые Госуда'ри.

Въ числѣ' други'хъ издѣ'лій францу'зскаго про-
изво'дства зубоврачо'бныя принадле'жности за-

слу'живаютъ са'маго большо'го внима'нія. Нашъ заво'дъ, какъ оди'нъ изъ са'мыхъ кру'пныхъ заво'довъ э'того ро'да, имѣ'етъ по'лное основа'ніе надѣ'яться, что ру'сскіе данти'сты ско'ро оцѣ'нятъ высо'кія ка'чества производи'мыхъ издѣ'лій. Съ цѣ'лью распростране'нія въ Россі'и на'шего произво'дства мы кро'мѣ безпреста'ннаго улуч- ше'нія свои'хъ проду'ктовъ, пони'зили цѣ'пы до возмо'жнаго предѣ'ла и намѣ'рены сдѣ'лать всѣ возмо'жныя облегче'нія по вы'пискѣ и отправ- ле'нію това'ровъ.

Обраща'ясь къ Вамъ по указа'нію и рекомен- да'ціи дру'жественныхъ намъ торго'выхъ домо'въ, мы проси'ли бы Васъ взять на себя' ми'ссію про- водниково'въ на'шихъ издѣ'лій въ Россі'и. Съ э'той цѣ'лью мы предлага'емъ Вамъ соверше'нно спе- ціа'льныя усло'вія: назна'ченныя на'ми опто'выя цѣ'ны мы пони'зимъ для Васъ на 10%, предо- ста'вимъ Вамъ креди'тъ до 50 ты'сячъ рубле'й съ платежёмъ по откры'тому счёту и други'я воз- мо'жныя облегче'нія.

Въ наде'ждѣ, что Вы не заме'длите отвѣ'томъ утверди'тельно на на'ше предложе'ніе, остаёмся съ соверше'ннымъ почте'ніемъ О-во «Заво'дъ зу- боврачо'бныхъ принадле'жностей въ N.»

По довѣ'ренности *А. Ровента'ль.*

---

## 90. Offre de produits d'engrais.

Въ Херсо'нскую Губе'рнскую Упра'ву, г. Херсо'нъ.

### Ми'лостивые Госуда'ри.

Симъ имѣ'емъ честь довести' до Ва'шего свѣ'- дѣнія, что на'ши заво'ды занима'ются произво'д- ствомъ, въ больши'хъ размѣ'рахъ удобри'тель- ныхъ ту'ковъ.

Зада'вшись цѣ'лью распространи'ть на'ши ту'- ки въ Россі'и, мы останови'лись пре'жде всего' на Ва'шей и нѣ'которыхъ други'хъ губе'рніяхъ, — гдѣ удобре'ніе по'чвы осо'бенно настоя'тельно тре'буется.

Разнообра'зіе ви'довъ ту'ковъ даётъ возмо'жнымъ примѣни'ть удобре'ніе согла'сно осо'бенностямъ по'чвы и Вы найдёте ме'жду ни'ми такі'е, кото'рые наибо'лѣе соотвѣ'тствуютъ ка'ждому уѣ'зду Ва'шей губе'рніи и ме'нѣе до'рого сто'ющіе.

Кро'мѣ десяти' экземпля'ровъ катало'говъ и тако'го же числа' на'шихъ брошю'ръ для Ва'шего по'льзованія, мы прилага'емъ по 5 экземпля'ровъ катало'говъ и сто'лько же брошю'ръ для ка'ждой изъ уѣ'здныхъ упра'въ Ва'шей губе'рніи, то'чнаго а'дреса кото'рыхъ мы не зна'емъ и про'симъ взять на себя' трудъ, пересла'ть ихъ по назначе'нію.

Мы надѣ'емся, что Ва'ши земледѣ'льческія шко'лы и показа'тельныя поля', я'вятся дѣ'ятельными проводника'ми на'шихъ проду'ктовъ и что кро'мѣ того', Вы найдёте наилу'чшіе спо'собы возмо'жно скорѣ'е познако'мить съ ни'ми населе'ніе.

Въ ожида'ніи Ва'шихъ зака'зовъ, пребыва'емъ съ соверше'ннымъ почте'ніемъ

---

# 91. Envoi de verrerie et d'articles d'embalage pour des pharmacies.

Господи'ну А. М. Трае'вскому. Апте'ка, Дериба'совская № ... Оде'сса.

### Ми'лостивый Госуда'рь.

Согла'сно Ва'шему почте'нному зака'зу при сёмъ посыла'емъ накладну'ю желѣ'зной доро'ги на отпра'вленныя Вамъ, большо'й ско'ростью, пять мѣстъ, апте'чной посу'ды и уку'порки съ упла'той за прово'зъ при получе'ніи.

Изъ прилага'емой факту'ры Вы изво'лите уви'дѣть, что весь зака'зъ вы'полненъ въ то'чности.

Три мѣ́ста заключа́ютъ стекля́ную посу́ду, по сорта́мъ и величинѣ́, четвёртое — деревя́ныя коро́бочки и пя́тое — небольшíе складны́е паке́тики для порошко́въ — о́чень употреби́тельные во францу́зскихъ апте́кахъ.

Укла́дка сдѣ́лана са́мая тща́тельная, стекля́ная посу́да хорошо́ перело́жена и мы надѣ́емся, что това́ръ прибу́детъ въ хоро́шемъ ви́дѣ, тѣмъ не ме́нѣе мы бу́демъ Вамъ благода́рны, е́сли Вы сообщи́те, не бы́ло ли поло́мокъ; мы отнесёмся съ по́лнымъ внима́ніемъ къ Ва́шимъ замѣча́ніямъ по по́воду упако́вки, е́сли Вы найдёте ну́жнымъ ихъ сдѣ́лать; хотя́ согла́сно усло́віямъ прода́жи мы не отвѣ́тственны за цѣ́лость доста́вки, тѣмъ не ме́нѣе мы не жела́емъ быть къ э́тому индифере́нтными.

Въ ожида́ніи Ва́шего письма́, подтвержда́ющаго получе́ніе това́ровъ, пребыва́емъ съ соверше́ннымъ почте́ніемъ

---

## 92. Offre de verrerie pour des pharmacies.

Въ складъ апте́чной посу́ды Кузнецо́ва и Кⁿ въ Кі́евѣ.

### Ми́лостивые Госуда́ри.

Съ пе́рвыхъ же дней прекраще́нія вое́нныхъ дѣ́йствій мы на́чали получа́ть изъ Россі́и многочи́сленные зака́зы на на́шу апте́чную посу́ду, что несомнѣ́нно ука́зываетъ на то, что ру́сскіе скла́ды и апте́ки, нашли́ ка́чество и цѣ́ну на́шихъ това́ровъ, вполнѣ́, соотвѣ́тствующими ихъ тре́бованіямъ.

Тако́е внима́ніе ру́сскихъ покупа́телей побужда́етъ насъ обрати́ться та́кже къ Вамъ, съ предложе́ніемъ ознако́миться съ ка́чествомъ на́шихъ това́ровъ.

При семъ прилага́емъ нашъ прейсъ-кура́нтъ, съ кото́раго мы мо́жемъ сде́лать Вамъ ски́дку отъ 15 до 25%, смотря́ по ро́ду предме́товъ и въ зави́симости отъ значи́тельности зака́за.

При вы́пискѣ благоволи́те вы́слать 20% зака́за, на остальну́ю су́мму мы сде́лаемъ нало́женный платёжъ.

Мы надѣ́емся, что впослѣ́дствіи мы смо́жемъ, е́сли Вы пожела́ете, откры́ть Вамъ извѣ́стный креди́тъ.

Въ ожида́ніи Ва́шихъ почте́нныхъ зака́зовъ, пребыва́емъ съ соверше́ннымъ почте́ніемъ

---

## 93. Offre de wagons.

Въ Конто́ру рудпико́въ Г-на Калаче́вскаго ст. Колаче́вское, Екатери́нинской ж. д.

### Ми́лостивый Госуда́рь.

Такъ какъ намъ извѣ́стно, что Вы имѣ́ете свой подъѣздно́й путь и что отпра́вка Ва́ми руды́ о́чень значи́тельна, мы сочли́ до́лгомъ обрати́ться къ Вамъ съ предложе́ніемъ свои́хъ услу́гъ, какъ заво́да, спеціа́льно занима́ющагося изготовле́ніемъ вагоне́токъ и ваго́новъ для рудпико́въ.

Само́ собо́ю разумѣ́ется, существу́ютъ заво́ды для изготовле́нія ваго́новъ, какъ европе́йскіе, такъ и америка́нскіе, бо́лѣе значи́тельные чѣмъ нашъ, но мы позволя́емъ себѣ́ останови́ть Ва́ше внима́ніе на томъ, что нашъ заво́дъ зада́лся спеціа́льностью изготовле́нія ваго́новъ и́менно для рудпико́въ.

Какъ Вы уви́дите изъ прилага́емаго катало́га, поясне́ннаго рису́нками, така́я спеціализа́ція отража́ется пре́жде всего́ на констру́кціи и матеріа́лѣ для постро́йки ваго́новъ, въ смы́слѣ лу́чшаго приспособле́нія для па́добностей потру́зки и перево́зки руды́; зате́мъ, ограни́чивая себя́ э́той о́бластью, мы мо́жемъ изготовля́ть ваго́ны возмо́жно бы́стро; наконе́цъ, интересу́ясь и ме́нее кру́пными зака́зами, мы отнесёмся къ Ва́шему зака́зу, да́же са́мому скро́мному, съ таки́мъ же внима́ніемъ, какъ и къ са́мому значи́тельному; кро́мѣ того́, въ ка́ждомъ слу́чаѣ мы мо́жемъ предоста́вить Вамъ са́мыя льго́тныя и удо́бныя усло́вія платежа́. Что каса́ется на́шихъ цѣнъ, то онѣ́ ниско́лько не вы́ше цѣнъ больши́хъ предпрія́тій.

Е́сли Вы найдёте поле́знымъ ви́дѣть у себя́ на́шего представи́теля, мы, по пе́рвому Ва́шему тре́бованію пошлёмъ на́шего инжене́ра, назна́ченнаго для пріёма зака́зовъ въ Росси́и.

Въ ожида́ніи, что Вы почти́те насъ свои́мъ внима́ніемъ, пребыва́емъ съ соверше́ннымъ почте́ніемъ

CIRCULAIRE.

# 94. Fondation d'une maison de vente d'automobiles.

### М. Г.

Настоя́щимъ имѣ́емъ честь довести́ до Ва́шего свѣ́дѣнія, что съ 1-го ію́ля сего́ го́да я открыва́ю въ Росто́вѣ на/Дону́ складъ автомоби́лей францу́зскихъ фа́брикъ: кероси́новые, электри́ческіе, га́зовые, сжа́тымъ во́здухомъ и др.

Имѣ́я таково́й складъ въ Пари́жѣ, съ 1902 г. и состоя́ въ сноше́ніяхъ со всѣ́ми францу́зскими фабрика́нтами, я вполнѣ́ ознако́мился съ тре́бованіями пу́блики и соста́вилъ вѣ́рное сужде́ніе о досто́инствахъ той и́ли друго́й систе́мы и сравни́тельныхъ досто́инствахъ автомоби́льныхъ фа́брикъ. Хотя́ на моёмъ скла́дѣ имѣ́ются автомоби́ли ра́зныхъ систе́мъ и ра́зныхъ фа́брикъ,

произво́дства кото́рыхъ имѣ́ютъ свои́ относи́-
тельныя досто́инства и свои́ цѣ́ны, тѣмъ не ме́-
нѣе, я позволя́ю себѣ́ Васъ увѣ́рить, что Вы
найдёте у меня́ то́лько маши́ны фа́брикъ впол-
нѣ́ зарекомендо́ванныхъ, издѣ́лія кото́рыхъ
справедли́во оцѣ́нены по совершде́нству кон-
стру́кціи, про́чности, изя́ществу и умѣ́ренно-
сти цѣнъ.

Увѣ́ренность въ про́чности предлага́емыхъ
маши́нъ даётъ мнѣ возмо́жность продава́ть ихъ
съ гара́нтіей. При скла́дѣ имѣ́ются мастерскі́я
для исправле́нія поврежде́ній.

Прода́жа произво́дится какъ за нали́чныя,
такъ и съ разсро́чкой платежа́.

Изъ прилага́емаго катало́га Вы уви́дите, что
я бу́ду имѣ́ть автомоби́ли са́мыхъ разнообра́з-
ныхъ систе́мъ, на вся́кія цѣ́ны и для вся́каго
по́льзованія: обыкнове́нные, фаэто́ны, ландо́,
автомоби́ли для доста́вки магази́нами зака́зовъ
и пр.

Я надѣ́юсь, что Вы не заме́длите посѣти́ть
мой складъ и найдёте маши́ну, удовлетворя́ю-
щую Ва́шимъ вку́самъ и тре́бованіямъ, въ ожи-
да́ніи чего́ пребыва́ю съ соверше́ннымъ почте́-
ніемъ

---

CIRCULAIRE.

# 95. Fondation d'une maison de comission pour des articles de Paris.

М. Г.

Имѣ́ю честь довести́ до Ва́шего свѣ́дѣнія,
что я основа́лъ въ Пари́жѣ комиссіо́нное бюро́
спеціа́льно для поку́пки и отпра́вки заграни́цу
и осо́бенно въ Росси́ю, такъ называ́емыхъ
«Пари́жскихъ издѣ́лій» (articles de Paris), кото́-

рыя столь изв'ѣстны въ Евро'пѣ свои'мъ изя'-
ществомъ.

Бу'дучи въ продолже'ніи мно'гихъ лѣтъ слу'-
жащимъ въ са'мыхъ значи'тельныхъ комиссіо'н-
ныхъ дома'хъ э'того ро'да, я есте'ственно, по
ро'ду сво'ихъ дѣлъ, былъ постоя'нно въ сноше'-
ніяхъ съ фабрика'нтами, издѣ'лія кото'рыхъ наи-
бо'лѣе оцѣнены' пу'бликой по ихъ доброка'че-
ственности, про'чности и изя'ществу, равно' какъ
по умѣ'ренности цѣнъ.

Облада'я по'лпою опы'тностью въ вы'борѣ э'того
ро'да издѣ'лій и поста'вивъ себѣ' за пра'вило
дово'льствоваться са'мымъ незначи'тельнымъ ко-
миссіо'ннымъ вознагражде'ніемъ, я могу' Вамъ
высыла'ть издѣ'лія наилу'чшаго ка'чества и по
цѣнѣ' не вы'ше той, кото'рую Вы заплати'ли бы
на фа'брикѣ.

Доста'точный шта'тъ слу'жащихъ да'етъ мнѣ
возмо'жность бы'страго выполне'нія зака'зовъ и
внима'тельнаго отноше'нія да'же къ са'мымъ
скро'мнымъ поруче'ніямъ.

Катало'гъ такъ называ'емыхъ «Пари'жскихъ
издѣ'лій» при сёмъ прилага'ется.

При зака'захъ благоволи'те посыла'ть 20°/₀
сто'имости выпи'сываемаго и упла'чивать осталь-
ны'е при получе'ніи его'.

Я вполнѣ' надѣ'юсь, что Вы оцѣ'ните удо'бство
непосре'дственнаго получе'нія издѣ'лій изъ Пари'-
жа и захоти'те почти'ть меня' зака'зами, въ ожи-
да'ніи ко'ихъ пребыва'ю съ соверше'ннымъ поч-
те'ніемъ

---

## 96. Circulaire pour la fondation d'une maison de céréales.

М. Г.

Настоя'щимъ счита'емъ до'лгомъ увѣ'домить
Васъ, что для экспо'рта хлѣ'ба, въ зернѣ', изъ

ю́жной Росси́и мы образова́ли Това́рищество въ г. N., во Фра́нціи, съ основны́мъ капита́ломъ въ ... фр. т. е. ... руб. и откры́ли хлѣ́бныя конто́ры въ Оде́ссѣ, Никола́евѣ и Херсо́нѣ, а для заку́пки хлѣ́ба по Днѣпру́, Бу́гу и Днѣстру́ ука́занными конто́рами бу́дутъ назна́чены аге́нты.

Мы вполнѣ́ надѣ́емся, что на́ше предпрія́тіе бу́детъ соотвѣ́тствовать Ва́шимъ интере́самъ, какъ посре́дника ме́жду производи́телемъ и кру́пнымъ экспортёромъ, и потому́ встрѣ́титъ по́лное сочу́вствіе.

Въ интере́сахъ пре́жде всего́ Васъ са́михъ мы настоя́тельно Вамъ совѣ́туемъ пре́жде чѣмъ продава́ть имѣ́ющійся у Васъ хлѣбъ обраща́ться снача́ла съ предложе́ніемъ въ одну́ изъ на́шихъ конто́ръ или къ на́шимъ аге́нтамъ, по́слѣ чего́ Вы, надѣ́емся, убѣди́тесь, что нашъ Домъ — наибо́лѣе вы́годный покупа́тель т. е. тако́й, кото́рый всегда́ гото́въ дать на мѣ́стѣ цѣ́ну наибо́лѣе бли́зкую къ существу́ющей въ порто́выхъ города́хъ: Оде́ссѣ, Никола́евѣ, Херсо́нѣ.

Въ надѣ́ждѣ, что на́ши сноше́нія бу́дутъ вы́годны для обѣ́ихъ сторо́нъ остаёмся съ почте́ніемъ

---

## 97. Même circulaire au conseil municipal.

Въ Борисла́вскую городску́ю Упра́ву г. Борисла́въ (Херсо́нской губ).

Имѣ́я въ виду́ что значи́тельная часть Ва́шего городско́го населе́нія занима́ется земледѣ́ліемъ и нѣ́которая часть ску́пкой хлѣ́ба у земледѣ́льцевъ, мы проси́ли бы Васъ оповѣсти́ть населе́ніе, спо́собомъ, кото́рый Вы найдёте возмо́жнымъ, что мы учреди'ли въ г. N., во Фра'нціи, торго'вое Това'рищество съ капита'ломъ въ 13 мил. фра'нковъ, что соста'витъ по курсу 5 мил. рубле'й для заку'пки хлѣ'ба по Днѣпру', Днѣстру' и Бугу и для в'той цѣ'ли откры'ли въ Оде'ссѣ, Херсо'нѣ и Никола'евѣ хлѣ'бныя конто'ры, а для заку'пки хлѣ'ба на мѣста'хъ — назна'чили аге'нтовъ.

Образова'ніе столь кру'пнаго препрія'тія даётъ возмо'жнымъ земледѣ'льцамъ прода'ть свой хлѣбъ возмо'жно доро'же. Посему' настоя'щее оповѣ'ще'ніе, какъ отвѣча'ющее интере'самъ населе'нія встрѣ'титъ, надѣ'емся мы, по'лное сочу'вствіе со сторо'ны Городско'го Управле'нія.

Въ ожида'ніи любе'знаго исполне'нія Упра'вой на'шей про'сьбы, пребыва'емъ съ почте'ніемъ

---

# 98. Acte d'achat à tempérament.

1917 го'да, ма'рта 5 дня. Я нижеподписа'вшійся, вы'далъ настоя'щій актъ Торго'вому До'му Прюно' и К⁰, Бульва'ръ Санъ-Жермѐ'нъ, 00, въ томъ, что купи'лъ у него', въ разсро'чку велосипе'дъ систе'мы А..., по катало'гу фа'брики Нерро', за сто пятьдеся'тъ рубле'й, изъ ко'ихъ мно'ю упло'чено въ зада'токъ 25 руб., а остальны'е 125 рубле'й, обязу'юсь упла'чивать по 10 руб. въ мѣ'сяцъ, ка'ждое 10-е число', начина'я съ слѣ'дующаго мѣ'сяца за получе'ніемъ велосипе'да, высыла'я де'ньги почто'вымъ и'ли ины'мъ перево'домъ въ Пари'жъ (Фра'нція) на и'мя Прюно' и К⁰.

Озна'ченный велосипе'дъ до'лженъ быть мнѣ вы'сланъ въ по'лной испра'вности и гото'вымъ къ по'льзованію. Въ слу'чаѣ обнару'женной неиспра'вности, я до'лженъ въ 3-хъ дне'вный срокъ отосла'ть его' обра'тно, ма'лой ско'ростью, за счётъ продавца'; при невы'сылкѣ обра'тно въ 3-хъ дне'вный срокъ, велосипе'дъ счита'ется полу'ченнымъ въ испра'вности.

До по́лной упла́ты велосипе́дъ счита́ется со́бственностью фа́брики и я не име́ю пра́ва его́ отчужда́ть и́ли заложи́ть.

Е́сли я не уплачу́ въ како́й нибу́дь срокъ усло́вленныхъ 10 руб. Торго́вый Домъ Прюно́ и К⁰ впра́вѣ отобра́ть велосипе́дъ, а упло́ченныя де́ньги оста́нутся въ по́льзу продавца́, какъ пла́та за по́льзованіе велосипе́домъ; кро́мѣ того́, е́сли велосипе́дъ ока́жется поврежде́ннымъ, продаве́цъ имѣ́етъ пра́во его́ испра́вить и взыска́ть съ меня́ сто́имость почи́нки.

Въ чёмъ и подпи́сываюсь.

---

# 99. Bilan d'une Banque.

*Состоя́ніе счето́въ 1-го Петрогра́дскаго Учётнаго и Ссу́днаго Ба́нка* (Не́вскій проспе́ктъ № 388). По 31-е января́ 1906 го́да.

*Правле́ніе Ба́нка* въ Петрогра́дѣ; *отдѣле́нія:* въ Кі́евѣ, Оде́ссѣ, Никола́евѣ и Ни́жнемъ Но́вгородѣ.

*Акти́въ:*　　　　Въ Петрогра́дѣ и Отдѣле́ніяхъ.

| | | |
|---|---|---|
| Ка́сса и теку́щія счета́ . . | 5. 200. 675 р. | 75 к. |
| Учётъ векселе́й . . . . . . . | 70. 000. 205 » | 25 » |
| Цѣ́нныя бума́ги . . . . . . | 58. 100. 100 » | 00 » |
| Иностра́нные векселя́ и | | |
| моне́ты . . . . . . . . . . . | —. 50. 000 » | 75 » |
| Итого́ . . . . . | 133. 350. 981 р. | 75 к. |

*Пасси́въ:*

| | |
|---|---|
| Скла́дочный капита́лъ (15.00 а́кцій | |
| по 200 руб. . . . . . . . . . . | 30.000.000 |
| Запа́сный капита́лъ . . . . . . . . . | 10.000.000 |
| Осо́бый резе́рвный капита́лъ . . . | 5.500.000 |
| Капита́лъ погаше́нія отъ недви́жимыхъ иму́ществъ . . . . . . . . | 10.000.000 |
| Вкла́ды и теку́щіе счета́ . . . . . . | 175.185.000 |
| Итого́ . . . . . . . | 230.685.000 |

# 100. Bilan d'une autre Banque.

*Второ́й для Вна́шней Торго́вли Ба́нкъ осно́-*
ванъ въ 1821 г.

Основно́й капита́лъ Ба́нка 60 милліо́новъ руб-
ле́й, (240.000 а́кцій по 250 рубле́й).

*Правле́ніе въ Петрогра́дѣ.*

*Отдѣле́нія въ Петрогра́дѣ* и въ 20 города́хъ
Европе́йской и Азіа́тской Росси́и, въ Ло́ндонѣ,
Пари́жѣ и Ри́мѣ.

Состоя́ніе счето́въ по 31-е января́ 1900 го́да.
Акти́въ . . . . . . . . . . . . . 1.500.000.000 рубле́й.
Пасси́въ . . . . . . . . . . . . . 0.000.000.000 рубле́й.

---

# 101. Emprunt du Gouvernement Provisoire Russe.

Вре́менное Ру́сское Прави́тельство вы́пустило
воззва́ніе относи́тельно Ва́йма Свобо́ды

Къ Вамъ, гра́ждане Вели́кой свобо́дной
Росси́и, къ тѣмъ изъ Васъ, кому́ до́рого бу́ду-
щее на́шей Ро́дины, обраща́емъ мы нашъ горя́-
чій призы́въ.

Си́льный врагъ глубоко́ вто́ргся въ на́ши
предѣ́лы, грози́тъ сломи́ть насъ и верну́ть
страну́ къ ста́рому, ны́нѣ мёртвому, стро́ю.

То́лько напряже́ніе всѣхъ на́шихъ силъ
мо́жетъ дать намъ жела́нную побѣ́ду. Нужна́
затра́та мно́гихъ милліа́рдовъ, чтобъ спасти́
страну́ и заверши́ть строе́ніе свобо́дной Росси́и
*на нача́лахъ ра́венства и пра́вды.*

*Не же́ртвы тре́буетъ отъ насъ Ро́дина, а
исполне́ніе до́лга.*

Одо́лжимъ де́ньги Госуда́рству, помѣсти́въ
ихъ въ но́вый заёмъ и спасёмъ э́тимъ отъ
ги́бели на́шу свобо́ду и достоя́ніе.

Мини́стръ-Предсѣда́тель — князь Льво́въ. Ми-
ни́стръ Фина́нсовъ — М. Тере́щенко. О́беръ-

Прокуро́ръ св. Сино́да — В. Львовъ. Мини́стръ Иностра́нныхъ дѣлъ П. Милюко́въ. Мини́стръ Земледѣ́лія — А. Шингарёвъ. Мини́стръ Путе́й Сообще́нія Н. Некра́совъ. Мини́стръ Торго́вли и Промы́шленности — А. Конова́ловъ. Вое́нный и Морско́й Мини́стръ — А. Гучко́въ. Мини́стръ Наро́днаго Просвѣще́нія — А. Мануи́ловъ. Мини́стръ Юсти́ціи — А. Ке́ренскій.

Управля́ющій дѣла́ми Вре́меннаго Прави́тельства — Влад. Набо́ковъ

Петрогра́дъ, 27-го ма́рта 1917 го́да.

Подпи́ска на заёмъ открыва́ется повсемѣ́стно за́втра.

## 102. Emprunt de guerre Russe de 1916.

Вое́нный заёмъ. Второ́й вы́пускъ 1916 го́да.

Въ ны́нѣшнюю войну́ ру́сская же́нщина прояви́ла чудеса́ самопоже́ртвованія. Она́ съ успѣ́хомъ замѣсти́ла бра́тьевъ и муже́й, уше́дшихъ на фронтъ. Она́ одержа́ла мно́го побѣ́дъ на всѣхъ поля́хъ дѣ́ятельности.

Но ей предстои́тъ сдѣ́лать ещё одно́ уси́ліе: убѣди́ть и себя́ и други́хъ отказа́ться отъ удовлетворе́нія свои́хъ при́хотей, отъ вся́кихъ непу́жныхъ тра́тъ, отъ вся́кой расточи́тельности на всё вре́мя войны́.

Ро́дина нужда́ется въ на́шихъ сбереже́ніяхъ: она́ призыва́етъ къ уча́стію въ вое́нномъ за́ймѣ.

Пусть же и на э́томъ по́прищѣ ру́сская же́нщина помо́жетъ одержа́ть побѣ́ду!

## 103. Prospectus d'une patisserie.

Симъ имѣ́ю честь довести́ до свѣ́дѣнія Росто́вской пу́блики, что съ 15-го числа́ теку́щаго мѣ́-

сяца, я открыва́ю настоя́щую пари́жскую конди́терскую и бу́лочную, у́голъ Вознесе́нской и Алекса́ндровской ул., для прода́жи вся́каго ро́да пече́ній: сла́дкихъ, здо́бныхъ, то́ртовъ, пирого́въ вся́каго ро́да, кулебя́къ, кулнче́й и други́хъ ви́довъ хлѣ́ба по францу́зскимъ и ру́сскимъ реце́птамъ, равно́, какъ вся́каго ро́да варе́ній и са́мыхъ изы́сканныхъ конфе́ктъ.

Конди́терская принима́етъ зака́зы на вся́каго ро́да пече́нія, кото́рые бу́дутъ исполня́ться безъ малѣ́йшаго замедле́нія.

Надѣ́юсь, что почте́нѣйшая пу́блика не преми́нётъ ознако́миться и оцѣни́ть по досто́инству мои́ приготовле́нія, — въ ожида́ніи чего́, пребыва́ю съ почте́ніемъ

*Луи́ Берна́рд.*

---

## 104. Offre de bijoux «Dax».

Идя́ на встрѣ́чу всё бо́лѣе и бо́лѣе нарожда́ющемуся есте́ственному жела́нію ка́ждаго имѣ́ть краси́вое украше́ніе, краси́вую вещи́цу, мы открыва́емъ въ гг. Москвѣ́ Орлѣ́, Оде́ссѣ отдѣле́нія на́шего До́ма для прода́жи издѣ́лій изъ осо́баго спла́ва зо́лота съ други́ми мета́ллами, такъ называ́емое «Даксъ». Зо́лото «Даксъ» ниче́мъ не отлича́ется отъ настоя́щаго и не мѣня́етъ своего́ ви́да. При изы́сканной худо́жественной вы́дѣлкѣ на́шихъ издѣ́лій ка́ждый пріобрѣ́вшій бу́детъ удовлетворёнъ та́кже, какъ и пріобрѣ́теніемъ до́рого сто́ющей золото́й ве́щи.

Надѣ́емся, что почте́ннѣйшая пу́блика не заме́длитъ ознако́миться съ э́тимъ ви́домъ худо́жественныхъ и вмѣ́стѣ съ тѣмъ недо́рого сто́ющихъ украше́ній.

---

# 105. Offre d'outils pour les populations rurales.

Въ Полта'вскую Губе'рнскую Упра'ву.

Въ числѣ' вопро'совъ привлека'ющихъ внима'ніе учрежде'ній и лицъ, на ко'ихъ лежи'тъ забо'та о подня'тіи дере'вни, оди'нъ изъ гла'вныхъ, вопро'совъ о снабже'ніи ел' ну'жными мастеро'вы'ми, какъ-то : кузнеца'ми, пло'тниками, столяра'ми то'же что сказа'ть, о снабже'ніи дере'вни дешёвыми инстру'ментами, кото'рые за недоста'ткомъ рабо'чихъ-спеціали'стовъ, бы'ли бы поле'зны ка'ждой крестья'нской семьѣ'.

На'ше О'бщество зада'лось цѣ'лью изготовле'нія инстру'ментовъ спеціа'льно для дереве'нскихъ кузнецо'въ, пло'тниковъ и столяро'въ и для снабже'нія и'ми населе'нія открыва'етъ скла'ды въ мѣста'хъ наибо'лѣе для э'того удо'бныхъ.

Изъ прилага'емыхъ при сёмъ прейсъ-кура'нта и проспе'кта Вы уви'дите, что инстру'менты э'ти са'мой просто'й и удо'бной констру'кціи, какі'е и нужны' для дереве'нскаго рабо'чаго и'ли для крестья'нина-самоу'чки.

О'бщество разсчи'тываетъ, что Полта'вское Зе'мство отнесётся сочу'вственно къ э'тому поле'зному начина'нію и ознако'митъ съ нимъ населе'ніе.

Е'сли Упра'ва пожела'етъ сама' быть покупа'телемъ, мы гото'вы предложи'ть са'мыя льго'тныя усло'вія.

---

# 106. Déclaration d'un accident de travail.

Господи'ну Комисса'ру 3-го рудни'чнаго райо'на.

Имѣ'ю честь увѣ'домить Васъ, что вслѣ'дствіе происше'дшаго сего' числа' обва'ла, въ карье'рѣ № 3, прида'влено дво'е рабо'чихъ, Заха'рій

Конёвъ и Мойсе́й Трегу́бовъ. Пострада́вшіе жи́вы, но положе́ніе ихъ о́чень серьёзно.

О случи́вшемся вме́стѣ съ симъ даётся знать г. Окружно́му инжэне́ру.

Отвѣ́тственный дире́кторъ

П. Эшанте́ль.

---

## 107. Ordre d'acheter du manganèse et d'affréter un navire.

Господи́ну И. С. Тра́хтенбергу. По́чти.

### Ми́лостивый Госуда́рь.

Подтвержда́я телегра́мму, по́сланную сего́ числа́, прошу́ Васъ купи́ть па́ртію ма́рганца, кото́рую Вы предлагае́то, при непремѣ́нномъ усло́віи, что проце́нтное содержа́ніе фо́сфора не должно́ превыша́ть ука́занной но́рмы. Я проси́лъ бы Васъ, е́сли э́то возмо́жно, зафрахтова́ть въ Ва́шемъ порту́ парохо́дъ по назначе́нію въ N.

Мо́жно ли застрахова́ть отпра́вку и какъ велика́ страхова́я пре́мія?

Про́симъ отвѣ́тить телегра́ммой.

---

## 108. Lettre accompagnant le payement de la commission.

### Ми́лостивый Госуда́рь.

Въ Ва́шемъ счётѣ на причита́ющееся Вамъ коммисіо́нное вознагражде́ніе за ку́пленный ма́рганецъ мы позволя́емъ себѣ́ сдѣ́лать слѣ́дующія попра́вки, кромѣ́ ра́зницы въ 1.500 пудо́въ ме́нѣе про́тивъ коли́чества дѣйстви́тельно отпра́вленнаго, Вы не обрати́ли внима́нія, что ввиду́ превыше́нія проце́нтнаго содержа́нія кремнозёма: въ пе́рвой па́ртіи на 1⁰/₀ и второ́й на 2⁰/₀ уменьшепа́ цѣна́ за пудъ отпра́вленнаго мета́лла: для пе́рвой па́ртіи на 0,1 коп. и для второ́й на 0,2 коп., что влечётъ соотвѣ́тственное уменьше́ніе Ва́шего вознагражде́нія на 0,01 коп. для пе́рвой па́ртіи и на 0,02 коп. для второ́й.

За вы́четомъ 105 + 55 = 160 руб., Вамъ причита́ется 1567 руб. на какову́ю сумму дѣлаемъ перево́дъ, получе́ніе кото́раго про́симъ подтверди́ть.

---

## 109. Accusé de réception du manganèse.

Господи́ну И. С. Трахтенбе́ргу По́ти.

### Ми́лостивый Госуда́рь.

Мы получи́ли пе́рвую па́ртію, 1559 тоннъ ма́рганца, кото́рую и сда́ли заво́ду кото́рому она́ предназнача́лась.

Къ сожалѣ́нію, при ана́лизѣ мета́лла на заво́дѣ получи́лась нѣ́которая ра́зница съ ана́лизомъ про́бы, взя́той при погру́зкѣ:

1) Проце́нтное содержа́ніе фо́сфора полу́чено при генера́льномъ ана́лизѣ на ¹/₂ ⁰/₀ бо́льше;

2) таково́е же содержа́ніе кремнозёма превыша́етъ на 1⁰/₀.

Мы про́симъ обрати́ть внима́ніе продавца́ на несоотвѣ́тствіе про́бы относи́тельно фо́сфора; е́сли проце́нтное содержа́ніе фо́сфора бу́детъ превыша́ть но́рму, мы бу́демъ лишены́ возмо́жности прянима́ть грузъ.

Что каса́ется кремнозёма, то хотя́ изли́шекъ его́ до извѣ́стной но́рмы, не мо́жетъ послужи́ть основа́ніемъ къ неприня́тію мета́лла, по ка́ждому изли́шнему проце́нту должна́ соотвѣ́тствовать ски́дка въ 0,1 коп. съ цѣны́.

Вмѣ'стѣ съ си'мъ, про'симъ Васъ стро'же отно-
си'ться къ взя'тію на мѣ'стѣ про'бы.

Съ соверше'ннымъ почте'ніемъ

---

## 110. Offre de semences.

Ка'ждый цвѣтово'дъ, ка'ждый огоро'дникъ
мо'жетъ получа'ть непосре'дственно отъ насъ, г.
N., Фра'нція, какъ бы не былъ скро'менъ зака'зъ
сѣмена' цвѣто'въ и овоще'й, отро'стки овоще'й и
расте'ній, виногра'дные чебуки' и пр.

Изъ прилага'емаго прейсъ-кура'нта зака'зчики
уви'дятъ, какъ бога'тъ нашъ вы'боръ и какъ
разнообра'зны сорта' расте'ній для разведе'нія,
въ зави'симости отъ кли'мата и по'чвы.

Е'сли, не смотря' на указа'нія на'шего про-
спе'кта, зака'зчикъ всё же бу'детъ затрудня'ться,
на како'мъ со'ртѣ расте'нія останови'ться, мы
гото'вы дать ему', по его' про'сьбѣ, указа'нія,
е'сли онъ сообщи'тъ намъ ана'лизъ по'чвы и
климати'ческія усло'вія мѣ'ста поса'дки.

---

## 111. Ouverture d'une maison de modes.

*Сало'нъ да'мскихъ шляпъ Жанъ Ла-Белль. Зна'-*
*менская ул. № 00, кв. 6.*

Принима'ются зака'зы, гарниро'вка и пере-
дѣ'лка да'мскихъ шляпъ *по послѣ'днимъ пари'ж-*
*скимъ моде'лямъ.*

Театра'льные и дѣ'тскіе ка'поры. *Дёшево и*
*элега'нтно.*

---

## 112. Offre de cidre.

Торго́вый До́мъ Эру́ въ г. N., Норма́ндіи, дово́дитъ до свѣ́дѣнія г.г. содержа́телей рестора́новъ, буфе́товъ, ви́нныхъ погребо́въ и почте́ннѣйшей пу́блики, что имъ откры́тъ въ Москвѣ́ скла́дъ напи́тка извѣ́стнаго подъ назва́ніемъ норма́ндскаго «Си́дра». Напи́токъ э́тотъ, приготовля́емый изъ осо́баго со́рта норма́ндскихъ я́блокъ, отлича́ется то́нкимъ и прія́тнымъ вку́сомъ и предпочита́ется люби́телями какъ пи́ву, такъ и десе́ртнымъ во́дамъ, э́то — на́питокъ, спосо́бствующій пищеваре́нію и въ то же вре́мя, десе́ртный.

Си́дръ продаётся бо́чками, полубо́чками и въ буты́лкахъ по цѣнѣ́ на мѣстѣ́ фр. 000.

Опто́вымъ покупа́телямъ усту́пка.

---

## 113. Demande de limonades russes.

Фа́брикѣ шипу́чихъ фрукто́выхъ водъ Ла́нина въ Петрогра́дѣ.

### Ми́лостивые Госуда́ри.

Настоя́щимъ про́симъ Васъ отпра́вить по желѣ́зной доро́гѣ, ма́лой ско́ростью, по а́дресу: Maison de Tortue, 4, Boulevard de la Victoire, Paris — 24 я́щика Ва́шихъ я́годныхъ шипу́чихъ водъ: клю́квенной, сморо́диновой и мали́новой, по 8 я́щиковъ ка́ждаго со́рта.

Прилага́емъ чекъ на 100 руб. и на остальну́ю су́мму про́симъ наложи́ть платёжъ.

Е́сли Вашъ напи́токъ бу́детъ одо́бренъ на́шими потреби́телями, мы сдѣ́лаемъ Вамъ значи́тельный зака́зъ, надѣ́ясь въ то же вре́мя, что Вы сдѣ́лаете намъ до́лжную ски́дку съ цѣнъ пре́йсъ-кура́нта.

---

# 114. Offre de conserves de légumes.

Господи́ну А. И. Переве́рзеву.

Опто́вая бакале́йная и колониа́льная торговля
въ Росто́вѣ н/Дону́.

Ми́лостивый Госуда́рь.

Настоя́щимъ имѣ́емъ честь довести́ до Ва́шего свѣ́дѣнія, что и́здавна занима́ясь во Фра́нціи изготовле́ніемъ консе́рвовъ изъ мѣ́стныхъ
овоще́й и ознакомлённые со всѣ́ми новѣ́йшими
спо́собами консерви́рованія, мы откры́ли отдѣ́
ле́ніе на́шего произво́дства въ г. Росто́вѣ, съ
цѣ́лью изготовле́нія консе́рвовъ изъ ру́сскихъ
овоще́й. Благодаря́ на́шимъ консе́рвамъ, потреби́тель мо́жетъ имѣ́ть цѣ́лый годъ, какъ о́вощи
свое́й мѣ́стности, такъ и непроизраста́ющія въ
его́ губе́рніи о́вощи тёплаго ю́га.

Мы надѣ́емся, что найдёмъ въ Ва́шемъ почте́нномъ до́мѣ поле́знаго посре́дника ме́жду на́
ми и ру́сскими торго́выми дома́ми.

Прилага́емъ нашъ про́йсъ-кура́нтъ.

Въ ожида́ніи Ва́шего про́бнаго зака́за, пребыва́емъ съ соверше́ннымъ почте́ніемъ
О́-во консе́рвовъ изъ ру́сскихъ овоще́й
«Пюрэ́й».

---

# 115. Offre de locomotives.

Въ Управле́ніе Тихорѣ́цкой желѣ́зной доро́ги.

Освѣдомлённые, что Управле́ніе Тихорѣ́цкой
доро́ги имѣ́етъ въ виду́ сдѣ́лать зака́зъ на
парово́зы, мы про́симъ Управле́ніе войти́ въ
разсмотрѣ́ніе смѣ́ты постро́йки парово́зовъ
на́шими заво́дами.

Мы имѣ́емъ честь обрати́ть внима́ніе Управле́нія на слѣ́дующія положе́нія:

Какъ намъ извѣ́стно, Тихорѣ́цкая желѣ́зная доро́га имѣ́ла до сихъ поръ парово́зы двухъ гла́вныхъ ти́повъ.

1) Ру́сскіе парово́зы постро́йки Бря́нскаго заво́да и 2) америка́нскіе парово́зы постро́йки америка́нскихъ заво́довъ въ N.

Пе́рвые парово́зы, Бря́нскаго заво́да, отлича́ются хоро́шимъ хо́домъ и про́чностью, но сто́ятъ насто́лько до́рого, что е́сли къ ихъ сто́имости присоедини́ть сто́имость ремо́нта, то едва́ ли долгосро́чность ихъ слу́жбы оку́питъ произведённыя затра́ты.

Вторы́е—америка́нскіе парово́зы, наоборо́тъ сдѣ́ланы изъ матеріа́ла, невыде́рживающаго до́лгой слу́жбы и, представля́я въ но́вомъ ви́дѣ о́чень замѣча́тельную маши́ну, ско́ро портя́тся. Эта маши́на расчи́тана не на поддержа́ніе её ремо́нтомъ, а на замѣ́ну, по́слѣ коро́ткаго сро́ка слу́жбы, но́вой — что едва́ли удо́бно да́же при ея́ ни́зкой цѣнѣ́.

На́ши парово́зы, отлича́ясь работоспосо́бностью, лёгкостью и то́чностью хо́да, отлича́ются вмѣ́стѣ съ тѣ́мъ про́чностью констру́кціи и матеріа́ла.

Мы надѣ́емся, что Управле́ніе, при обсужде́ніи вопро́са о зака́зѣ парово́зовъ, обрати́тъ внима́ніе на на́ше предложе́ніе и почти́тъ насъ сво́имъ отвѣ́томъ.

Въ ожида́ніи ко́его пребыва́емъ съ соверше́ннымъ почте́ніемъ.

---

# 116. Circulaire d'une société de locataires-propriétaires.

Въ Синдика́тъ рабо́чихъ Петрогра́дскихъ желѣзодѣ́лательныхъ заво́довъ.

### Ми́лостивые Госуда́ри.

Одна́ изъ главнѣ́йшихъ забо́тъ, преслѣ́дуемыхъ рабо́чимъ кла́ссомъ, э́то — обезпе́чить ка́ждой жела́ющей семьѣ́ свой со́бственный у́голъ. Э́ту забо́ту въ концѣ́ концо́въ возлага́ютъ на госуда́рство. Но при настоя́щемъ положе́ніи дѣ́ла позволи́тельно сдѣ́лать слѣ́дующія возраже́нія: 1) мо́жетъ ли госуда́рство, истощённое войно́ю, сдѣ́лать ско́ро такі́я серьёзныя затра́ты? 2) Не обойду́тся ли Госуда́рству, по той же причи́нѣ, де́ньги дороже чѣмъ любо́му заграни́чному предпрія́тію, и какъ послѣ́дствіе не обойду́тся ли рабо́чимъ жи́лища также до́рого, если не доро́же, какъ постро́енныя ча́стнымъ предпринима́телемъ?

На́ше о́бщество, образова́вшееся во Фра́нціи, въ г. N., подъ назва́ніемъ «сво́й у́голъ» предлага́етъ сейча́съ же приступи́ть къ постро́йкѣ жи́лищъ, кото́рыя сейча́съ же мо́гутъ быть за́няты и по мѣ́рѣ вы́платы перейду́тъ въ по́лную со́бственность ка́ждаго вы́платив
шаго.

Изъ прилага́емаго при сёмъ подро́бнаго объясне́нія жела́ющіе воспо́льзоваться на́шимъ предложе́ніемъ увидя́тъ, что О—во въ да́нномъ слу́чаѣ дово́льствуется са́мымъ умѣ́реннымъ $^0/_0$ на затра́чиваемый капита́лъ и за э́ту умѣ́ренную надба́вку даётъ возмо́жность ка́ждому имѣ́ть своё жи́лище.

О—во надѣ́ется, что Синдика́тъ обрати́тъ внима́ніе на настоя́щее предложе́ніе и сдѣ́лаетъ его извѣ́стнымъ рабо́чему лю́ду.

---

## 117. Offre de vaisselle pour les populations rurales.

Въ Кі́евскую Губе́рнскую Зе́мскую Упра́ву.

Въ виду' измѣни'вшихся, къ лу'чшему, усло'вій жи'зни се'льскаго населе'нія Россі'и, у э'того населе'нія не могло' не яви'ться стремле'нія облагоро'дить свою' дома'шнюю обстано'вку и позво'лить себѣ' необходи'мый комфо'ртъ. Крестья'нинъ не мо'жетъ бо'льше дово'льствоваться той сли'шкомъ просто'й мане'рой ѣды' и первобы'тной посу'дой, кото'рой онъ по'льзовался. Ему' нужна' посу'да проста'я и деше'вая, но гигіени'чная и соверше'нно про'чная.

На'ше Това'рищество зада'лось цѣ'лью дать ру'сскому крестья'нину ну'жную ему' посу'ду. Кромѣ' гли'няной посу'ды, для вы'дѣлки други'хъ ея' ви'довъ вошли' такі'е недорогі'е и про'чные мета'ллы, какъ о'лово, жесть, оцинко'ваное желѣ'зо и для ножей — недорога'я сталь.

Мы надѣ'емся, что Губе'рнская Упра'ва отнесётся сочу'вственно къ на'шему начина'нію и не отка'жетъ намъ разосла'ть по воло'стя'мъ на'ши пре'йсъ-кура'нты, чего' мы са'ми лишены' возмо'жности сдѣ'лать.

Мы вполнѣ' надѣ'емся, что на'ша посу'да найдётъ спросъ со стороны' се'льскихъ торго'вцевъ; е'сли же бы волостны'я правле'нія и'ли, что ещё лу'чше, зе'мство захотѣ'ли бы быть посре'дниками ме'жду на'ми и населе'ніемъ и удешеви'ть цѣ'ну посу'ды, мы проси'ли бы обрати'ться въ оди'нъ изъ на'шихъ скла'довъ, существу'ющихъ въ города'хъ: Оде'ссѣ, Екатериносла'вѣ, Ха'рьковѣ и Кі'евѣ.

---

## 118. Procuration pour assister à une assemblée.

Ми'лостивый Госуда'рь.<br>
И'ванъ Ива'новичъ!

Настоя'щей довѣ'ренностью уполномо'чиваю Васъ прису'тствовать вмѣ'сто меня' и отъ моего'

и́мени на о́бщемъ собра́нiи 2-го Екатерино-
сла́вскаго О́бщества взаи́мнаго креди́та, имѣ́ю-
щаго быть 1-го февраля́ 191 ... уча́ствовать въ
обсужде́нiи годово́го отчёта и въ распредѣле́нiи
прибыле́й, утвержда́ть таковы́е и́ли отка́зывать
въ утвержде́нiи, подава́ть го́лосъ при вы́борѣ
должностны́хъ лицъ О́бщества, уча́ствовать въ
назначе́нiи имъ содержа́нiя, и вообще́ уча́-
ствовать вмѣ́сто меня́ въ разрѣше́нiи всѣхъ
вопро́совъ, кото́рые бу́дутъ на собра́нiи пре-
дло́жены. Всему́ же, что по сей довѣ́ренности
Ва́ми зако́нно учинено́ бу́детъ, я вѣ́рю спо́-
рить и прекосло́вить не бу́ду.

Довѣ́ренность э́та принадлежи́тъ Ива́ну Ива́-
новичу Проко́фьеву.

Петро́вскiй рудни́къ 25 января́ 191 ...

*Пётръ Я́ковлевичъ Гуно́.*

---

# 119. Réponse à la lettre d'un directeur.

Господи́ну Дире́ктору Оде́сскаго Отдѣле́нiя
Петрогра́дскаго Комме́рческаго Ба́нка.

## Ми́лостивый Госуда́рь.

Подтвержда́я получе́нiе Ва́шего письма́, отъ
7/20 ма́рта 191 ... г. извѣща́ющаго объ утвер-
жде́нiи меня́ чле́номъ учётнаго комите́та Ва́-
шего Учрежде́нiя, симъ изъявля́ю своё согла́-
сiе на такову́ю до́лжность.

Выража́я Вамъ благода́рность за ле́стное ко
мнѣ внима́нiе и надѣ́ясь приложи́ть стара́нiя
быть поле́знымъ Ва́шему почте́нному учреж-
де́нiю, пребыва́ю къ Вамъ, г. Дире́кторъ, съ
соверше́ннымъ уваже́нiемъ (по́дпись)

7

# 120. Refus d'acceptation d'une assurance.

Страхово'е О'бщество «La Mouche». Г-ну М. М. Ку'рочкину.

Честь имѣ'емъ увѣ'домить Васъ, что къ кра'йнему на'шему сожалѣ'нію, страхова'ніе по заявле'нію Ва'шему за № 363 отъ 17-го февраля' сего' го'да, въ ввиду' неудовлетвори'тельнаго состоя'нія Ва'шего здоро'вья, по и'збранному Ва'ми тари'фу, не мо'жетъ быть при'нято.

Позволя'емъ себѣ' обрати'ть Ва'ше внима'ніе на по'лную для Васъ возмо'жность застрахова'ться у насъ «На дожи'тіе», такъ какъ при э'томъ страхова'ніи вопро'съ о состоя'ніи здоро'вья соверше'нно устраня'ется. Усло'вія же э'того страхова'нія слѣ'дующія: застрахо'ванный капита'лъ упла'чивается О'бществомъ, по истече'ніи извѣ'стнаго числа' лѣтъ *Вамъ сами'мъ*, а въ слу'чаѣ Ва'шей сме'рти ра'нѣе э'того сро'ка — Ва'шимъ наслѣ'дникамъ, то есть: тѣмъ, кто бу'детъ Ва'ми ука'занъ въ заявле'ніи о страхова'ніи, — су'мму, ра'вную всѣмъ внесённымъ Ва'ми пре'міямъ, за исключе'ніемъ одно'й первогоди'чной. По таково'му страхова'нію, съ упла'той капита'ла че'резъ 20 лѣтъ, ежемѣ'сячная пре'мія за ка'ждую ты'сячу рубле'й застрахо'ванной су'ммы соста'витъ 0 руб. 00 коп., а съ упла'той капита'ла че'резъ всѣ 20 лѣтъ — 00 р. 00 коп.

При сёмъ возвраща'ются предста'вленные Ва'ми докуме'нты.

Прими'те увѣре'ніе въ соверше'нномъ къ Вамъ почте'ніи по довѣ'рію *А. Рэнье'*.

———

# 121. Annonce d'une Société d'assurance.

Страхово́е О́бщество « LA FRANCE », учрежде́нное въ 1800 году́. Пари́жъ, Бульва́ръ Кюза́съ № 10.

Основно́й и запа́сные капита́лы свы́ше 10,000,000 фра́нковъ.

Отдѣле́нія въ Москвѣ́ и Петрогра́дѣ.

О́бщество заключа́етъ:

Страхова́нія жи́зни, т. е. капита́ловъ и дохо́довъ для обезпече́нія семьи́ и́ли со́бственной ста́рости, при́даннаго для дѣ́вушекъ, стипе́ндій для ма́льчиковъ и т. п., на осо́бо вы́годныхъ усло́віяхъ и съ уча́стіемъ страхова́телей въ прибыля́хъ О́бщества.

Къ 1 Января́ 1899 г. въ О́бществѣ бы́ло застрахо́вано 60,000 лицъ, на су́мму въ 15.891.000 фра́нковъ.

Страхова́нія отъ несча́стныхъ слу́чаевъ какъ отдѣ́льныхъ лицъ, такъ и коллекти́вныя страхова́нія слу́жащихъ и рабо́чихъ на фа́брикахъ; страхова́нія пассажи́ровъ пожи́зненныя, годи́чныя и́ли на ме́ньшіе сро́ки.

Страхова́нія отъ огня́ дви́жимыхъ и недви́жимыхъ иму́ществъ вся́каго ро́да: строе́ній, маши́нъ, това́ровъ, ме́бели и проч.

Страхова́нія тра́нспортовъ рѣчны́хъ, сухопу́тныхъ и морски́хъ; страхова́ніе корпусо́въ судо́въ.

Заявле́нія о страхова́ніи принима́ются и вся́каго ро́да свѣ́дѣнія сообща́ются въ отдѣле́ніяхъ и а́гентами о́бщества во всѣхъ города́хъ Россі́и.

Страхова́нія пассажи́ровъ отъ несча́стныхъ слу́чаевъ во вре́мя путеше́ствія по желѣ́знымъ доро́гамъ и на парохо́дахъ заключа́ются та́кже на ста́нціяхъ желѣ́зныхъ доро́гъ и на парохо́дныхъ пристаня́хъ.

# 122. Annonce d'une autre Société d'assurance.

## « LA PARISIENNE »

О'бщество застрахова'нія капита'ловъ и дохо'-
довъ, учрежде'нное въ 1900 году'. Страхова'ніе
жи'зни съ уча'стіемъ страхова'телей въ диви-
де'ндѣ. Капита'лы О'бщества 1,000,000 фра'нковъ.

О'бщество заключа'етъ та'кже: наро'дное стра-
хова'ніе на слу'чай сме'рти. Мѣ'сячные платежи'
пре'мій отъ 50 коп. и уча'стіе въ прибыля'хъ О'б-
щества. Брошю'ры, бла'нки, спра'вки и вся'каго
ро'да свѣ'дѣнія высыла'ются Правле'ніемъ и'ли
аге'нтами О'бщества безпла'тно. Гла'вное Прав-
ле'ніе: Пари'жъ, Бульва'ръ Пуэнкаре'; Ру'сскія от-
дѣле'нія : въ Москвѣ' и Оде'ссѣ.

---

# 123. Société d'assurance.

Страхово'е О'бщество «ABEILLE» утвержде'нное
въ 1864 году'. Правле'ніе въ Пари'жѣ.

Основно'й капита'лъ 2,000,000 фра'нковъ, кро'-
мѣ резе'рвныхъ фо'ндовъ.

Гла'вное Отдѣле'ніе въ Москвѣ'.

Страхова'ніе жи'зни съ льго'тами на слу'чай
неспосо'бности къ труду', и'ли съ уча'стіемъ въ
прибыля'хъ, и'ли же безъ ука'занныхъ льготъ и
безъ уча'стія въ прибыля'хъ за пони'женныя
пре'міи.

Коллекти'вное страхова'ніе слу'жащихъ и рабо'-
чихъ на фа'брикахъ и заво'дахъ, а та'кже отдѣ'ль-
ныхъ лицъ.

Страхова'ніе тра'нспортовъ морски'хъ, рѣч-
ны'хъ и сухопу'тныхъ.

Страхова'ніе отъ огня' дви'жимыхъ и недви'-
жимыхъ иму'ществъ вся'каго ро'да.

Пра'вила и усло'вія пи'сьменныя и слове'сныя объясне'нія мо'жно получа'ть въ Отдѣле'ніяхъ О'бщества, въ Москвѣ', № ..., въ Петрогра'дѣ № ..., въ Гла'вныхъ А'гентствахъ въ города'хъ: Варша'вѣ, Жито'мірѣ, Кі'евѣ, Оде'ссѣ, Ри'гѣ, Росто'вѣ-на-Дону', Тифли'сѣ и Ха'рьковѣ, а та'кже въ други'хъ А'гентствахъ О'бщества въ города'хъ Россі'и и Сиби'ри.

---

## 124. Annonce d'une corderie.

Кана'тная фа'брика PIERROT. Осно'вана въ 1800 г. въ Нанси', у'лица Рено'. Телефо'нъ № 201.

Произво'дство пенько'выхъ корабе'льныхъ и рыболо'вныхъ снасте'й и лине'й, букси'ровъ, снасте'й для спла'ва лѣ'са, приводны'хъ пенько'выхъ, мани'льскихъ и хлопча'то-бума'жныхъ кана'товъ и смоляно'й па'кли, а та'кже приводны'хъ кана'товъ съ патенто'ванными соедини'телями, устраня'ющими соверше'нно ручно'е сра'щиваніе приводны'хъ кана'товъ и даю'щихъ возмо'жность въ нѣ'сколько мину'тъ подтяну'ть въ желае'мой сте'пени ослабѣ'вшій кана'тъ.

Отдѣле'нія и скла'ды въ Ни'жнемъ-Но'вгородѣ: А. А. Доннъ, въ Росто'вѣ-на-Дону': Оска'ръ Пуа'ръ; въ Оде'ссѣ: Жюль Помье'.

---

## 125. Eaux minérales.

Заведе'ніе иску'сственныхъ минера'льныхъ водъ о'бщества «Аква'». Петрогра'дъ, Обво'дный кана'лъ, № 00. Телефо'нъ № 0,06.

Произво'дство нахо'дится подъ постоя'ннымъ наблюде'ніемъ докторо'въ медици'ны.

Во'ды выдѣ'лываются маги'стромъ фарма'ціи.

---

# 126. Annonce d'un constructeur de machines.

Маши́но-строи́тельный заво́дъ акціоне́рнаго о́б-
щества « ПРОДУ́КЦІЯ », въ Ліо́нѣ.

Паровы́е насо́сы ра́зныхъ систе́мъ. Ручны́е
и приводны́е насо́сы всѣхъ величи́нъ и для
вся́каго ро́да жи́дкостей.

Паровы́я маши́ны горизонта́льныя и верти-
ка́льныя съ одни́мъ и двумя́ цили́ндрами.

Пожа́рныя тру́бы всѣхъ размѣ́ровъ для сёлъ,
дереве́нь, фа́брикъ, заво́довъ, имѣ́ній, город-
ски́хъ пожа́рныхъ кома́ндъ, желѣ́зно-доро́ж-
ныхъ ста́нцій и пр. и пр.

Ручны́е, ко́нно-приводны́е и паровы́е рукава́,
брандсбо́йты и т. п.

Лѣсопи́льные станки́, кру́глыя пи́лы,

Вѣсы́ десяти́чные и со́тенные, това́рные, ва-
го́нные и парово́зные.

Подъёмныя маши́ны для шахтъ.

Въ скла́дахъ о́бщества имѣ́ются: локомоби́-
ли и молоти́лки англі́йскаго заво́да Ди́кэнса,
паровы́е котлы́ горизонта́льные и вертика́ль-
ные лебёдки, бло́ки и домкра́ты. Маши́ны,
ору́дія други́хъ заво́довъ. Желѣ́зныя тру́бы
N-скаго заво́да.

Отдѣле́нія скла́да въ города́хъ: Орёлъ, Тверь
и Пермь.

---

# 127. Prorogation d'un emprunt de guerre.

*Отъ министе́рства фина́нсовъ.*

При вы́пускѣ « За́йма Свобо́ды » срокъ под-
пи́ски былъ устано́вленъ съ 6-го апрѣ́ля по 1-е
ію́ля теку́щаго го́да, въ предви́дѣніи того́, что

изготовле́ніе облига́цій и разсы́лка ихъ на мѣ-
ста́ бу́дутъ зако́нчены въ тече́ніе апрѣ́ля мѣ-
сяца.

Ме́жду тѣ́мъ, по техни́ческимъ усло́віямъ,
мѣша́вшимъ бы́строму изготовле́нію облига́цій
и вслѣ́дствіе разстро́йства транспо́рта, разсы́л-
ка облига́цій за́йма не могла́ быть осуществле-
на́ въ предположе́нный срокъ и зако́нчится не
ра́нѣе ію́ня теку́щаго го́да.

Поми́мо того́, происше́дшія въ середи́нѣ
апрѣ́ля полити́ческія собы́тія не могли́ не ока-
за́ть нежела́тельнаго влія́нія на пра́вильный
ходъ хозя́йственной жи́зни Россі́и и не заме́д-
лить подпи́ску на заёмъ.

Въ виду́ изло́женныхъ причи́нъ, при́знано
необходи́мымъ подпи́ску на «Заёмъ Свобо́ды»
отсро́чить до 15-го ію́ля 1917 го́да.

---

# 128. Une maison française qui a des succurales en Russie.

### Etablissement GARNIER et FILS.

Гла́вное Правле́ніе въ Ліо́нѣ. Отдѣле́нія въ
Москвѣ́, Ха́рьковѣ и Кі́евѣ.

Фа́брика несгора́емыхъ шка́фовъ, я́щиковъ,
шкату́локъ, копирова́льныхъ пре́ссовъ и эконо-
ми́ческихъ очаго́въ для вся́каго употребле́нія.

Со́бственнаго изобрѣте́нія патенто́ванныя
эласти́чно-разбо́рныя колёса для всевозмо́ж-
ныхъ пово́зокъ и автомати́ческіе почто́вые
я́щики. Устро́йство желѣ́зныхъ лѣ́стницъ но-
вѣ́йшихъ констру́кцій. По́лное устро́йство ко-
ню́шенъ и пра́чешенъ. Капка́ны для ло́вли
хи́щныхъ звере́й и пти́цъ.

Безпреры́вная доста́вка изъ Фра́нціи. Прини-
ма́ются вся́кіе зака́зы.

Магази́ны и отдѣле́нія: въ Москвѣ́ — Офице́рская, № 00, д. кня́зя Юсу́пова; въ Ха́рьковѣ — Никола́евская, 2; въ Кі́евѣ — Креща́тикъ, 4.

---

## 129. Autre maison française qui a une succursale en Russie.

Фа́брика штемпеле́й фи́рмы ВАЛЕ́ТА.

Обши́рнѣйшій складъ въ Росси́и и безпреры́вная доста́вка изъ Пари́жа механи́ческихъ и каучу́ковыхъ штемпеле́й.

Оде́сса: Больша́я Морска́я № 00. Телефо́нъ № 0,27.

---

## 130. Annonce au sujet de moteurs à gaz et à pétrole.

Га́зо- и Кероси́новые дви́гатели «МЕТЕО́РЪ» францу́зской констру́кціи. Фи́рма существу́етъ съ 1810 го́да, въ Пари́жѣ.

Горизонта́льной и вертика́льной констру́кціи отъ 1 до 600 лошади́ныхъ силъ для всѣхъ цѣ́лей. Въ ходу́ свы́ше 10.000 дви́гателей, представля́ющихъ свы́ше 100.000 лошади́ныхъ силъ въ о́бщей сло́жности. Расхо́дъ га́за и кероси́на са́мый минима́льный.

Гла́вный представи́тель въ Петрогра́дѣ инжене́ръ Жюль Вино́. Васи́льевскій О́стровъ, 3-я ли́нія, д. № 00. Отдѣле́ніе въ Ни́жнемъ-Но́вгородѣ, Екатери́нинская ул., № 00.

---

## 131. Annonce d'un médicament.

При ревмати́змѣ, малокро́віи, туберкулёзѣ, неврастені́и, пода́грѣ, истері́и, невралгі́и, ста́рческой дря́хлости, артеріосклеро́зѣ, діабе́тѣ, головны́хъ бо́ляхъ, безсо́нницѣ, хрони́ческомъ разстро́йствѣ пита́нія и серде́чной дѣ́ятельности, о́бщей сла́бости; по́слѣ инфлуэ́нціи, си́филиса, опера́цій кровопоте́рь и во всѣхъ слу́чаяхъ, тре́бующихъ удале́нія изъ органи́зма ра́зныхъ кисло́тъ и я́довъ, нару́шеннаго обмѣ́на — съ успѣ́хомъ примѣня́ется «ЛѢКА́РСТВО ИКСЪ» органотерапевти́ческой лаборато́ріи до́ктора Огю́ста Рабэ́. Свы́ше 100 профессоро́въ и враче́й, о́коло 200 госпитале́й, лазаре́товъ и больни́цъ производи́ли наблюде́нія надъ дѣ́йствіемъ «Лѣка́рства Иксъ» до́ктора Огю́стъ — Рабэ́.

Предостереже́ніе: «Лѣка́рство Иксъ» изготовля́ется есте́ственнымъ путёмъ; безъ огня́ и хими́ческихъ реа́кцій и ничего́ о́бщаго не имѣ́етъ съ проду́ктами, могу́щими принести́ вредъ здоро́вью. Медици́нскій Совѣ́тъ призна́лъ, что «Лѣка́рство Иксъ» ниско́лько не соде́ржитъ вре́дныхъ для здоро́вья веще́ствъ. Мно́гими врача́ми счита́ется наибо́лѣе дѣйстви́тельнымъ и наибо́лѣе поле́знымъ сре́дствомъ.

Г.г. (господа́мъ) врача́мъ, лазаре́тамъ и больни́цамъ «Лѣка́рство Иксъ» высыла́ется безпла́тно для наблюде́ній, по пе́рвому тре́бованію враче́й и завѣ́дующихъ лѣче́бными заведе́ніями за ихъ ли́чной по́дписью. Высыла́ются та́кже безпла́тно кни́жки о враче́бныхъ наблюде́ніяхъ — ихъ бо́лѣе 20.000 зарегистри́рованныхъ.

Флако́нъ «Лѣка́рства Иксъ» сто́итъ 3 рубля́. Пересы́лка 40 коп.

«Лѣка́рство Иксъ» имѣ́ется въ прода́жѣ въ апте́кахъ и аптека́рскихъ магази́нахъ Европе́йской и Азіа́тской Россі́и.

На зака́захъ бо́лѣе 10 флако́новъ больша́я усту́пка. Остерега́ться поддѣ́локъ.

Гла́вный складъ: Москва́,Ники́тская у́лица, д. № 00.

# 132. Annonce d'une maison qui existe à Petrograd. Année 1917.

АМЕ́РИКА — ОБЬ *) — ЕНИСЕ́Й *) — РОССІ́Я.

*Внѣ опа́сности отъ подво́дныхъ ло́докъ.*

*Свобо́дные отъ перегруже́нности порты́.*

И. Лидъ, организа́торъ Сѣ́вернаго Морско́го пути́, верну́лся изъ Аме́рики, гдѣ онъ заручи́лся неограни́ченнымъ тонна́жемъ для тра́нспорта това́ровъ изъ Аме́рики въ Сиби́рь и Россі́ю че́резъ Ка́рское мо́ре **).

Парохо́ды уйду́тъ отъ америка́нскихъ порто́въ въ ію́лѣ и прибу́дутъ въ Сиби́рь въ сентябрѣ́.

Э́тотъ путь не перегружёнъ, какъ э́то имѣ́етъ мѣ́сто въ други́хъ порта́хъ. Перегру́зка произво́дится у у́стьевъ О́би и Енисе́я, отку́да на со́бственныхъ рѣчны́хъ парохо́дахъ това́ръ отправля́ется къ желѣзнодоро́жнымъ узла́мъ, соединя́ющимъ Сиби́рь съ Европе́йской Россі́ей, какъ-то, къ города́мъ: Тюме́нь, Омскъ, Томскъ, Но́во-Никола́евскъ, Красноя́рскъ, Ирку́тскъ и др.

Парохо́ды специа́льно снаряжённые для пла́ванія во льдахъ, прохо́дятъ гора́здо сѣ́вернѣе чѣмъ э́то досту́пно для подво́дныхъ ло́докъ. Благодаря́ долголѣ́тнему ежего́дному о́пыту, специа́льно трени́рованной кома́ндѣ и ло́цманамъ, имѣ́ются осо́быя соглаше́нія со страхо́выми о́бществами на страхова́ніе по́лностью гру́зовъ и парохо́довъ.

Жела́ющіе воспо́льзоваться э́тимъ путёмъ, мо́гутъ неме́дленно вы́писать всѣ подро́бности отъ гла́внаго управле́нія, находя́щагося въ Петрогра́дѣ, а та́кже въ отдѣле́ніяхъ въ Красноя́рскѣ, Но́во-Никола́евскѣ и за-грани́цей: въ Христіа́ніи, Ло́ндонѣ и Нью-Іо́ркѣ.

---

*) Deux grands fleuves du nord de la Sibérie.

**) Обь se jette dans cette mer.

# DEUXIÈME PARTIE

# Correspondance Mondaine

## 1. Lettre d'un avocat français à un confrère russe.

Michel Berger, Avocat, 248, rue de la Paix.
Téléphone 000.

Пари́жъ 2/16-X-1915 го́да.

Господи́ну прися́жному пове́ренному Ив. Ив. Семе́нову въ Петрогра́дѣ.

Ми́лостивый Госуда́рь и многоуважа́емый колле́га Ива́нъ Ива́новичъ!

Вы́игранный проце́ссъ про́тивъ Н. Н. въ Ва́шемъ го́родѣ, не то́лько сдѣ́лалъ меня́ Ва́шимъ сторо́нникомъ, но и мно́гому научи́лъ. Пребыва́ніе въ Ва́шей столи́цѣ, въ тече́ніи мѣ́сяца и поѣ́здка въ Крымъ и на Кавка́зъ соверше́нно преобрази́ли мое́ міровоззрѣ́ніе. Како́й непоча́тый край для насъ — францу́зовъ. На́ши те́хники, го́рные инжене́ры, промы́шленники и ра́зные предпринима́тели найду́тъ себѣ́ широ́кое примѣне́ніе. На куро́ртахъ не то́лько нѣтъ доста́точно благоустро́енныхъ гости́ницъ, магази́новъ съ са́мыми необходи́мыми това́рами, но и нѣтъ сно́снаго передвиже́нія по нимъ и возмо́жности для люби́телей ознакомле́нія съ окре́стностями и ихъ бога́тствами. Ско́лько трамва́йныхъ и автомоби́льныхъ компа́ній могли́-бы тамъ рабо́тать!

Безчи́сленное коли́чество цѣле́бныхъ исто́чниковъ, не уступа́ющихъ Виши́ и Ка́рлсбаду нахо́дятся въ захолу́стныхъ мѣста́хъ и пропада́ютъ безъ вся́кой по́льзы.

Вотъ-что я самъ ви́дѣлъ, а вѣдь э́то то́лько ма́ленькая до́ля дѣйстви́тельности и Ва́шихъ бога́тствъ.

Въ заключе́ніе приба́влю, что мой братъ и о́ба сы́на серьёзно приня́лись за изуче́ніе Ва́шего языка́, дабы́ не чу́вствовать себя́ чужи́мъ въ сою́зной странѣ́ и имѣ́ть возмо́жность сноси́ться непосре́дственно со всѣ́ми.

Въ са́момъ ближа́йшемъ бу́дущемъ я попрошу́ Васъ встрѣ́тить ихъ по-хоро́шему. Вашъ пріёмъ мнѣ до сихъ поръ па́мятенъ. Бу́ду радъ отплати́ть Вамъ взаи́мностью.

Переда́йте привѣ́тъ Ва́шей супру́гѣ и дѣ́ткамъ.

Остаю́сь гото́вый къ услу́гамъ

М. Бержс́.

---

# 2. Lettre d'un écolier à ses grands-parents.

Петрогра́дъ, 17/30 декабря́ 191 ... го́да.

Дороги́е ба́бушка и дѣ́душка!

Я былъ сча́стливъ узна́ть отъ господи́на Рэнье́ о Васъ и серде́чно благодарю́ за ла́комства. Господи́нъ Рэнье́ обѣща́лъ переда́ть Вамъ моё письмо́ вмѣ́стѣ съ привѣ́томъ и полугодовы́ми отмѣ́тками по предме́тамъ.

Сейча́съ у насъ иду́тъ уси́ленныя заня́тія, за то че́резъ нѣ́сколько дней бу́дутъ рожде́ственскіе кани́кулы со всѣ́ми ихъ пре́лестями. На́ша гимна́зія устра́иваетъ на Рождество́ ёлку и приглаша́етъ роди́телей уча́щихся и преподава́телей вмѣ́стѣ съ ученика́ми 3-й гимна́зіи, кото́рая пригласи́ла насъ на нового́дній балъ.

Мы узна́ли, по секре́ту отъ на́шего дире́ктора, что для насъ взя́ты биле́ты на 3 рожде́ственскихъ ве́чера въ Ма́ломъ за́лѣ консервато́ріи, устра́иваемыхъ при уча́стіи арти́стовъ лу́чшихъ мѣ́стныхъ теа́тровъ С. И. Ко́лосова и Н. Него́диной, а та́кже арти́стокъ знамени́того бале́та, япо́нской тру́ппы Ямо́то. Програ́мма чрезвыча́йно интере́сна. Бу́дутъ та́нцы, заба́вы, и́гры, петру́шки, кото́рые похо́жи на пари́жскихъ «гиньо́ль», говоря́щія ку́клы и мно́жество ра́зныхъ фо́кусовъ, ката́ніе на тро́йкахъ по са́нному пути́ и на конька́хъ по Невѣ́ намъ та́кже обѣ́щаны. Вчера́ мы бы́ли въ синемато́графѣ и ви́дѣли Пари́жъ подъ дождёмъ, а у насъ моро́зы въ 25 гра́дусовъ по Реомю́ру, т. е. въ 31 по Це́льсію.

Я уже́ писа́лъ Вамъ, что ни ра́зу не простуди́лся и да́же на́сморка не имѣ́лъ, не смотря́ на холода́. Въ дома́хъ здѣсь о́чень тепло́, благодаря́ то́лстымъ стѣ́намъ и двойны́мъ око́ннымъ ра́мамъ. Когда́ мы выхо́димъ на у́лицу, то одѣва́емся тепло́.

На про́шлой недѣ́лѣ у меня́ былъ па́па. Онъ прiѣзжа́лъ на съѣздъ акціоне́ровъ. Ма́ма, Мару́ся (diminutif de Марі́я) и Пе́тя (diminutif de Пётръ) по-пре́жнему живу́тъ на заво́дѣ въ Р. Па́па обѣща́лъ ихъ привезти́ сюда́ на ма́сленицу. Лѣ́томъ мы встрѣ́тимся въ Крыму́ на да́чѣ. Зато́ бу́дущее лѣ́то мы проведёмъ съ Ва́ми, дѣ́душка и ба́бушка, на берегу́ мо́ря въ Лаболи́.

Спѣшу́ око́нчить письмо́, потому́ что до́лжен на за́втра пригото́вить уро́ки. Господи́нъ Ренье́ переда́стъ Вамъ, какъ я вы́росъ и какъ гляжу́.

Крѣ́пко Васъ обнима́ю и цѣлу́ю.

Въ ожида́нiи Ва́шихъ хоро́шихъ пи́семъ лю́-бящiй Васъ внукъ *Ва́ня* (diminutif d'Ива́нъ) и́ли

*Жанъ.*

---

## 3. Lettre d'une Française à son mari-Russe.

### Дорого́й мой Ко́ля*)!

Спаси́бо тебѣ́ за письмо́. Оно́ намъ всѣмъ доста́вило большо́е удово́льствiе. Призна́ться, мы уже́ на́чали безпоко́иться, не получа́я бо́-лѣе двухъ недѣ́ль пи́семъ. А́нна Петро́вна и́ли какъ дѣ́ти её называ́ютъ — ба́бушка — у насъ быва́етъ ежедне́вно. Она́ всё та́кже хороша́ и бодра́. Она́ съ Авдо́тьей, кото́рая вотъ ско́ро три го́да какъ слу́житъ у нея́, уѣзжа́етъ въ Норма́ндiю. У дѣте́й иду́тъ усиле́нныя заня́тiя. Мла́дшiе конча́ютъ ра́ньше ста́ршихъ свои́ экза́мены. По́слѣ нацiона́льныхъ ва́шихъ пра́здниковъ я съ ни́ми уѣ́ду къ ба́бушкѣ до о́сени.

У насъ тепе́рь живётъ одна́ ми́лая ру́сская студе́нтка. Съ не́ю-то я цѣ́лые дни говорю́ и занима́юсь по ру́сски. Дѣ́ти то́же съ не́ю занима́ются. Къ твоему́ прiѣ́зду, че́резъ три мѣ́-сяца, ты бу́дешь поражёнъ на́шими успѣ́хами. Ты смо́жешь взя́ть съ собо́й въ Россі́ю свою́ настоя́щую ру́сскую семью́. Де́ньги получи́ла че́резъ Банкъ. Пока́ бо́льше не шли.

Пиши́ ча́ще, не забыва́й насъ.

Всѣ — тебѣ́ шлютъ привѣ́тъ и крѣ́пко цѣлу́-ютъ тебя́. Твоя́ Мари́.

Р. S. Пришли́ мнѣ, при слу́чаѣ, флако́нъ ру́с-скаго цвѣто́чнаго одеколо́на. Я его́ о́чень люблю́.

---

*) Diminutif de Nicolas ou Никола́й.

# 4. Lettre d'introduction.

Дорогая́ подру́га!

Настоя́щее письмо́ передаётъ тебѣ́ г. Эй, изъ Пари́жа. Г. Эй и его́ семья́, одни́ изъ на́шихъ да́внихъ и лу́чшихъ пари́жскихъ знако́мыхъ. Они́ всегда́ гото́вы быть намъ поле́зными; что же каса́ется отца́ Эй, онъ намъ неоднокра́тно ока́зывалъ весьма́ цѣ́нныя услу́ги при устро́йствѣ на́шихъ дѣлъ. Вотъ почему́ мнѣ хотѣ́лось бы, въ свою́ о́чередь, оказа́ть поси́льную услу́гу э́тому молодо́му человѣ́ку. Г. Эй отправля́ется въ Москву́ по свои́мъ торго́вымъ дѣла́мъ, и въ э́томъ отноше́ніи я не ду́маю, что́бы ты могла́ быть ему́ поле́зной. Но по́слѣ заня́тій, у него́ бу́детъ потре́бность отдохну́ть, ознако́миться и поразвле́чься въ Ва́шей «Бѣлока́менной»*). Въ э́томъ я расчи́тываю на тебя́. Ты о́чень меня́ обя́жешь, е́сли введёшь молодо́го человѣ́ка въ свою́ семью́ и семьи́ твои́хъ знако́мыхъ. Покажи́ ему́ Москву́. Сло́вомъ, сдѣ́лай все возмо́жное, что́бы онъ не скуча́лъ.

Я ему́ мно́го говори́ла о тебѣ́, разска́зывала о на́шей институ́тской жи́зни. По мои́мъ разска́замъ онъ уже́ познако́мился съ мое́й доро́гой подру́гой.

Увы́, счастли́вые дни дѣви́чества прошли́.

Имѣ́ешь-ли ты слу́чай говори́ть по-францу́зски? Какъ ви́дишь по письму́, я не забы́ла, и́ли не совсѣ́мъ забы́ла ру́сскій язы́къ и наро́чно пишу́ тебѣ́ по-ру́сски.

Цѣлу́ю, твоя́ Сюзе́тъ **).

---

*) On appelle ainsi Moscou.
**) Diminutif de Суза́нна ou Suzanne.

# 5. Lettre d'Ekathérinoslaw, ville du Midi de la Russie.

Екатериносла́въ, 17 ма́я, 1914 го́да.

### Дорого́й друг!

Вотъ уже́ 5 дней какъ я въ Екатериносла́вѣ, куда́ прибы́лъ съ го́рнымъ инжене́ромъ на́шего О́бщества, для откры́тія скла́да маши́нъ и рудни́чныхъ принадле́жностей, въ чёмъ здѣсь, ви́димо, ощуща́ется больша́я на́добность.

По́слѣ визи́рованія па́спорта у аге́нта на́шего прави́тельства, скажу́ кста́ти о́чень ми́лаго господи́на, М-г Жоръ, мы отпра́вились къ ли́цамъ, къ кото́рымъ имѣ́ли рекоменда́тельныя пи́сьма и съ ихъ по́мощью заня́лись подыска́ніемъ помѣще́нія для магази́на и други́ми дѣла́ми, имѣ́ющими отноше́ніе къ откры́тію торго́вли, ка́къ-то : подыска́ніемъ слу́жащихъ, знако́мствомъ съ бу́дущей кліенту́рой и др.

На́ше О́бщество предполага́етъ посла́ть изъ свои́хъ слу́жащихъ завѣ́дующаго скла́домъ и бухга́лтера, про́чій же персона́лъ до́лженъ быть на́нятъ на мѣ́стѣ.

Что каса́ется форма́льностей по откры́тію предпрія́тія, то онѣ́ совсѣ́мъ не сло́жны и сво́дятся къ вы́боркѣ торго́выхъ докуме́нтовъ въ городско́й упра́вѣ (на́ша мэрі́я) и въ казначе́йствѣ и къ сообще́нію свѣ́дѣній податно́му инспе́ктору. Податно́й инспе́кторъ — чино́вникъ, вѣ́дающій окладны́ми сбо́рами — (contributions directes).

На ско́лько мнѣ по́мнится, Вы говори́ли, что не имѣ́ли слу́чая побыва́ть въ Екатериносла́вѣ, поэ́тому пишу́ нѣ́сколько строкъ о го́родѣ.

Екатериносла́въ располо́женъ на большо́й судохо́дной рѣкѣ́ Днѣпръ и при желѣ́зной доро́гѣ. Ско́лько счита́ется жи́телей, не зна́ю, но ду́маю — до двухсо́тъ ты́сячъ. У́лицы хорошо́ вы́мощены и освѣщены́: ча́стью га́зомъ и ча́стью электри́чествомъ. Че́резъ весь го́родъ, по направле́нію къ вокза́лу тя́нется рядъ скве́ровъ, что оздара́вливаетъ его́ и придаётъ ему́ живопи́сный видъ. Имѣ́ются два больши́хъ теа́тра, кро́мѣ ме́нѣе значи́тельныхъ при ра́зныхъ обще́ственныхъ собра́ніяхъ. Есть гости́ницы, рестора́ны и всё ну́жное. Въ первокла́ссныхъ оте́ляхъ мо́жно встрѣ́тить прислу́гу, говоря́щую по-францу́зски. Имѣ́ются прили́чные магази́ны. Сло́вомъ, э́то го́родъ сре́дней руки́, какъ на́ши города́ съ тако́ю же чи́сленностью населе́нія.

Жела́ю всего́ лу́чшаго, жму ру́ку.

Вашъ М. Сотре́ль.

---

# 6. Lettre d'un Français sur des mines de fer; la vie près de ces mines.

Крыло́вскій ру́дникъ. 5 сентября́ 191 ... го́да.

### Многоуважа́емый Ива́нъ Ива́новичъ!

Какъ мы усло́вились, я бу́ду продолжа́ть писа́ть по ру́сски, а Вы бу́дете отвѣча́ть по-францу́зски, — э́то интере́снѣе и бу́детъ всё бо́льше и бо́льше спосо́бствовать ознакомле́нію съ языка́ми: для меня́ съ ру́сскимъ, для Васъ — съ францу́зскимъ.

Ахъ, какъ ну́жно знать язы́къ, когда́ ѣ́дешь въ чужу́ю страну́!

Въ предыду́щемъ письмѣ́ я описа́лъ свои́ впечатлѣ́нія о путеше́ствіи, о больши́хъ города́хъ Россі́и. Настоя́щее письмо́ я посвящу́ пребыва́нію на у́гольномъ рудникѣ́ Доне́цкаго бассе́йна, куда́ со́бственно я и командиро́ванъ на́шимъ о́бществомъ.

8

Рудни'къ обору'дованъ хорошо', мно'го рабо'-
чихъ, доста'точно конто'рскихъ слу'жащихъ, но
онъ нахо'дится далеко' отъ го'рода и живётъ свое'ю
осо'бою жи'знью, какъ и други'е подо'бные руд-
ники'.

Невесела' жизнь дире'ктора, е'сли онъ и его'
семья' не говоря'тъ по-ру'сски. Кро'мѣ нѣ'сколь-
кихъ слу'жащихъ говоря'щихъ по-францу'зски,
не съ кѣмъ обмѣни'ться сло'вомъ; изъ владѣ'ль-
цевъ ближ'айшихъ помѣ'стій рѣ'дко кто говори'тъ
по-францу'зски. Но э'то ещё ничто' по сравне'-
нію съ тѣмъ вредо'мъ, кото'рый происхо'дитъ
отъ незнако'мства съ ру'сскимъ языко'мъ для
служе'бной дѣ'ятельности управля'ющаго рудни-
ко'мъ.

На сосѣ'днемъ рудникѣ', какъ мнѣ говори'ли,
при'нятъ въ ка'чествѣ секретаря', оди'нъ ру'с-
скій безъ серьёзной рекоменда'ціи, безъ вся'кой
о'пытности и, какъ говоря'тъ, вы'гнанный со
слу'жбы за плу'тни — почто'вый чино'вникъ, и
при'нятъ то'лько потому', что говори'тъ по-фран-
цу'зски. И вотъ при неумѣ'ніи дире'ктора объяс-
ня'ться по-ру'сски, тако'й секрета'рь слу'житъ
посре'дникомъ ме'жду администра'ціей рудника'
и многочи'сленными поставщика'ми. Мо'жно се-
бѣ' предста'вить, до каки'хъ размѣ'ровъ мо'гутъ
дойти' въ подо'бномъ слу'чаѣ злоупотребле'нія!

Въ су'щности говоря', ру'сскій язы'къ не такъ
тру'денъ для изуче'нія, какъ объ э'томъ распро-
странено' мнѣ'ніе: сто'итъ то'лько позаня'ться
немно'го на мѣ'стѣ, во Фра'нціи и не избѣга'ть
объясня'ться на нёмъ въ Росси'и во всѣхъ слу'-
чаяхъ, гдѣ къ э'тому представля'ется не то'лько
на'добность, но и проста'я возмо'жность. Дире'к-
торъ одного' изъ руднико'въ прiѣ'халъ съ сов-
сѣ'мъ сла'быми зна'ніями языка', но онъ имѣ'лъ
смѣ'лость примѣня'ть ихъ тамъ, гдѣ э'то каза'-
лось бы наибо'лѣе затрудни'тельнымъ: имѣ'я въ

рука́хъ ма́ленькій слова́рь, онъ объясня́лся съ толпо́ю рабо́чихъ, задава́лъ вопро́сы и отвѣча́лъ на вопро́сы обращённые со всѣхъ сторо́нъ. Таки́ми путя́ми онъ достигъ въ са́мое коро́ткое вре́мя возмо́жности объясня́ться по-ру́сски, почти́ та́кже свобо́дно, какъ и любо́й ру́сскій.

По́слѣ э́тихъ замѣча́ній, я остановлю́сь немно́го на дѣ́ятельности рудника́. Техни́ческія подро́бности рабо́тъ Васъ, какъ не-спеціали́ста ма́ло бу́дутъ, полага́ю, интересова́ть и я ограни́чусь то́лько о́бщимъ описа́ніемъ. Нашъ рудни́къ оди́нъ изъ са́мыхъ значи́тельныхъ райо́на. Онъ занима́етъ пло́щадь въ 400 десяти́нъ (десяти́на — ру́сская мѣ́ра пло́щади для измѣ́ренія поле́й, какъ у насъ акръ, = 10,92 квадр. гекта́ръ). Коли́чество добыва́емаго угля́ — до 20 милліо́новъ пудо́въ въ годъ; у́голь — спека́ющійся, хоро́шаго ка́чества. Изъ 7 пролега́ющихъ пласто́въ, два давно́ уже́ извѣ́стны.

Желѣзнодоро́жная ста́нція — въ 3 верста́хъ, по къ руднику́ пролега́етъ подъѣздно́й путь, кото́рый развѣтвля́ется къ отдѣ́льнымъ ша́хтамъ.

На рудникѣ́, кро́мѣ дире́ктора и его́ помо́щника, двухъ го́рныхъ инжене́ровъ, бухга́лтера и его́ помо́щника, 10 человѣ́къ конто́рскихъ слу́жащихъ, трёхъ чертёжниковъ, четырёхъ штейгеро́въ (штейгеръ — рудни́чный те́хникъ не съ вы́сшимъ, какъ го́рный инжене́ръ, а сре́днимъ спеціа́льнымъ образова́ніемъ), — рудни́чныхъ рабо́чихъ — 380 человѣ́къ.

Я имѣ́лъ слу́чай быть и въ уѣ́здномъ го́родѣ э́того райо́на. Го́родъ ничего́ интере́снаго не представля́етъ, но оживлёнъ.

Изъ знако́мства съ райо́номъ я вы́несъ впечатлѣ́ніе, что хоро́шій складъ рудни́чныхъ маши́нъ и принадле́жностей, откры́тый хотя́-бы въ уѣ́здномъ го́родѣ, могъ бы сдѣ́лать отли́чныя дѣла́. Имѣ́ющіеся здѣсь э́того ро́да скла́-

ды не вполнѣ́ удовлетворя́ютъ потре́бностямъ райо́на, въ осо́бенности съ тѣхъ поръ, какъ они переста́ли получа́ть нѣме́цкія издѣ́лія.

Въ Россі́и во мно́гихъ и мно́гихъ слу́чаяхъ ну́жно сказа́ть мои́мъ соотче́ственникамъ — впередъ, къ завоева́нію ры́нка!

Надѣ́юсь, что Вы не заме́длите мнѣ отвѣ́тить сюда́ же.

Жела́ю здоро́вья и всего́ лу́чшаго.

И́скренно уважа́ющій Васъ *Пьеръ Тонъ.*

---

# 7. Allocution d'un chef à l'ocassion du nouvel an.

### Ми́лостивые Госуда́ри!

Благодарю́ Васъ за поздравле́ніе съ По́вымъ го́домъ. Я хочу́ подѣли́ться съ Ва́ми мои́ми мы́слями.

Наступа́етъ но́вый годъ на́шей совмѣ́стной рабо́ты въ тиши́ и споко́йствіи.

Мы, францу́зы и ру́сскіе, бы́ли уча́стниками Вели́кой европе́йской войны́: ви́дѣли, какъ поги́бло мно́го дороги́хъ жи́зней, мно́гіе изъ насъ са́ми бы́ли у поро́га сме́рти; не разъ дрожа́ли мы за судьбу́ ро́дины. Вы, ру́сскіе, пережи́ли вели́кій переворо́тъ на Ва́шей ро́динѣ.

Всё э́то прошло́, все успоко́илось, и тепе́рь мы по досто́инству мо́жемъ оцѣни́ть благоде́н-ствіе ми́ра, споко́йствія и ми́рную рабо́ту.

Человѣ́къ со́зданъ для рабо́ты; рабо́та нужна́ намъ не то́лько для пріобрѣ́тенія матеріа́льныхъ сре́дствъ для жи́зни, но и для поддержа́нія самого́ ду́ха жи́зни.

Лу́чшее положе́ніе, ка́кое мо́жно предста́вить для человѣ́ка, э́то — здоро́вье, пре́жде всего́, матеріа́льныя сре́дства, наско́лько они́ нужны́, споко́йствіе со́вѣсти и споко́йствіе рабо́ты. Э́того то я Вамъ и пожела́ю.

# 8. Allocution d'un directeur.

### Господа!

Я прiѣ́халъ замѣсти́ть г. Карно́, Ва́шего ше́фа, кото́рый, какъ мнѣ извѣ́стно, оста́вилъ по себѣ́ наилу́чшую па́мять.

Надѣ́юсь и приложу́ стара́нія, что́бы на́ши отноше́нія бы́ли прони́кнуты таки́мъ же взаи́мнымъ уваже́ніемъ, довѣ́ріемъ и пре́данностью дѣ́лу, кото́рому мы слу́жимъ.

Я бу́ду забо́титься, на ско́лько въ состоя́ніи, о Ва́шемъ матеріа́льномъ положе́ніи, а Васъ прошу́ продолжа́ть относи́ться со все́ю добросо́вѣстностью и пре́данностью къ при́нятымъ на себя́ обя́занностямъ.

Ита́къ, пожела́емъ другъ дру́гу поле́зной обою́дной рабо́ты.

---

# 9. Lettre de remerciements à un directeur.

### Глубокоуважа́емый
### Карлъ Я́ковлевичъ!

Проща́ясь съ Ва́ми, мы не мо́жемъ не вы́разить чу́вства глубо́каго сожалѣ́нія, что теря́емъ въ Ва́шемъ лицѣ́ столь справедли́ваго нача́льника и столь гума́ннаго человѣ́ка.

За три го́да рабо́ты подъ Ва́шимъ управле́ніемъ мы узна́ли, какъ не обремени́теленъ трудъ, ска́жемъ да́же — прія́тенъ, ко́гда во главѣ́ стои́тъ просвѣщённый и гума́нный шефъ. Смѣ́емъ ду́мать, что при таки́хъ усло́віяхъ на́ша рабо́та была́ не то́лько прія́тна для насъ, но и продукти́вна для Компа́ніи.

Утѣша́емъ себя́, что Вы оставля́ете насъ для дорого́й Фра́нціи и ѣ́дете на лу́чшій постъ.

*Ипполи́тъ Кано́. Бенеди́ктъ Друэ́.*
*Васи́лій Столбо́въ. Ива́нъ Гринько́.*

# 10. Lettre d'une marraine à son filleule, soldat russe.

### Мой на́званный кре́стникъ!

Я съ удово́льствіемъ прочла́ Ва́ше письмо́. Ви́жу, что Вы здоро́вы и что получи́ли мои́ ма́ленькіе пода́рки.

О́чень ли скуча́ете по ро́динѣ? — Ду́маю, что да. Получа́ете ли изъ до́му пи́сьма? Пи́сьма тепе́рь вѣдь такъ до́лго иду́тъ и такъ неиспра́вно получа́ются; безъ пи́семъ же чу́вствуется ещё тоскли́вѣе. Я хорошо́ понима́ю Ва́ше душе́вное настрое́ніе. Не стѣсня́йтесь и пиши́те мнѣ по-ру́сски. Ви́дите — Ва́ша кре́стная не то́лько чита́етъ, но и пи́шетъ по ру́сски.

Бу́детъ Ва́ша о́чередь о́тпуска, по́льзуйтесь имъ, пріѣзжа́йте посмотрѣ́ть Пари́жъ и непремѣ́нно предста́вьтесь свое́й кре́стной по а́дресу, кото́рый Вы имѣ́ете для пи́семъ.

Жела́ю Вамъ здоро́вья и успѣ́ха

По́мнящая о Васъ Мари́.

---

# 11. Lettre d'un soldat russe à sa marraine.

### Моя кре́стная мама́ша!

Пе́рвымъ до́лгомъ благодарю́ Васъ за гости́нцы кото́рые Вы мнѣ присла́ли. Съѣдо́бное я раздѣли́лъ съ това́рищами, и у насъ былъ цѣ́лый пиръ; неимѣ́ющіе кре́стныхъ матере́й смотрѣ́ли на меня́ какъ на счастли́вца. Вещи́цы для туале́та бу́дутъ мнѣ всегда́ напомина́ть о Васъ.

Я давно́ уже́ не получа́ю пи́семъ съ ро́дины и о́чень скуча́ю. Тепе́рь я чу́вствую себя́ ме'нѣе отчуждённымъ: есть и здѣсь жива'я душа', кото'рая лу'маетъ о солда'тѣ, запесён-номъ такъ далеко' отъ ро'дины.

Вашъ кре'стникъ *Ива'нъ.*

---

## 12. Priére de rapporter une commission.

Дорога'я А'нна Васи'льевна!

Зна'я, что Вы сего'дня ѣ'дете на ры'нокъ, я позволя'ю себѣ' злоупотреби'ть Ва'шей доброто'й и прошу' купи'ть для меня': гу'ся, ско'лько бы онъ не сто'илъ, но не доро'же двухъ рубле'й, 5 фу'нтовъ мя'са для су'па, 2 фу'нта аптрико'та, 2 фу'нта ма'сла для ку'хни и 2 фу'нта для стола.

Прилага'ю при сёмъ 6 руб., ка'жется э'того бу'детъ доста'точно, и извиня'юсь за безпоко'й-ство. Привѣ'тъ Па'влу Петрови'чу.

Ва'ша *Жозефи'на Клодтъ.*

---

## 13. Priére de faire une commission à une famille.

Добрѣ'йшій Ива'нъ Петро'вичъ!

По'льзуясь слу'чаемъ, что Вы ѣ'дете въ го'родъ, я проси'лъ бы Васъ не отказа'ть и'сполнить небольши'я поруче'нія: 1) посла'ть прилага'емую телегра'мму, 2) въ Обще'ственной библіоте'кѣ обмѣни'ть кни'гу; прошу' взять что-нибу'дь изъ изъ сочине'ній Толсто'го, кро'мѣ «Войны' и ми'ра» и «Воскресе'нья», и'ли, за псимѣ'псімъ Толсто'го-Че'хова, за исключе'ніемъ пе'рвыхъ трёхъ томо'въ, 3) купи'ть у Перекрёстникова 2 фу'нта швейца'рскаго сы'ру, 2 фу'нта шокола'дныхъ конфе́ктъ по 1 руб. 50 коп. фунтъ. 1 фунтъ ко́фе, за 80 коп.

Прилага́ю 10 руб. и извиня́юсь за безпоко́йство.

## 14. Lettre d'un épicier à un client de condition élevée.

Кня́зю И. И. Пѣтушко́ву.

### Многоуважа́емый кня́зь!

Съ глубо́кимъ сожалѣ́ніемъ я замѣ́тилъ, что Вы и княги́ня переста́ли посѣща́ть мой магази́нъ. Къ бо́льшему ещё огорче́нію я сталъ дога́дываться, что причи́на э́тому неумѣ́ніе кого́-нибу́дь изъ мои́хъ слу́жащихъ угоди́ть Ва́шему Сія́тельству. Не взыщи́те стро́го, Ва́ше Сія́тельство! Тру́дно тепе́рь хозя́ину: какъ гдѣ не досмотрѣ́лъ — уро́нъ. Заха́живайте въ магази́нъ и, на бу́дущее вре́мя, прика́зывайте звать меня́ ли́чно присма́тривать за о́тпускомъ.

Глубокоуважа́ющій Васъ *А. Бурно́*.

## 15. Ordres d'un directeur à son secrétaire.

Ива́нъ Ива́новичъ.

Переписа́ли ли Вы догово́ръ съ г-жей Петру́шкиной? Кро́мѣ исправле́ній, кото́рыя я вамъ указа́лъ, внеси́те ещё: что домъ за черто́й пло́щади эксплоата́ціи то́же поступа́етъ въ на́ше по́льзованіе, Петру́шкина на э́то согла́сна. Пошли́те экипа́жъ за нота́ріусомъ и пригласи́те его́ на 11 часо́въ; предупреди́те г-жу Петру́шкину. За́втракать они́ бу́дутъ у насъ; закажи́те буфе́тчику за́втракъ на пять персо́нъ.

*П. Эшанте́ль.*

## 16. Un directeur des mines invite son docteur.

Ми́лостивый Госуда́рь,
Господи́нъ до́кторъ!

Не откажи́те прiѣ́хать, по возмо́жности безъ замедле́нiя, на рудни́къ. Ме́жду рабо́чими есть нѣ́сколько больны́хъ. Кро́мѣ э́того, заболѣ́лъ мой мла́дшiй сыни́шка: чу́вствуетъ боль въ груди́, температу́ра 38. Бою́сь, нѣтъ ли чего́ серьёзнаго. Пожа́луйста поспѣши́те.

Съ соверше́ннымъ уваже́нiемъ *П. Эшанте́ль*

---

## 17. Demande de fixer un rendez-vous.

Ми́лостивый Госуда́рь,

Пётръ Аѳана́сьевичъ!

Сего́дня заходи́лъ къ Вамъ переговори́ть по извѣ́стному Вамъ дѣ́лу. Не заста́въ къ сожалѣ́нiю до́ма, поко́рнѣйше прошу́ не отказа́ть назна́чить день и часъ, когда́ могъ-бы имѣ́ть удово́льствiе Васъ ви́дѣть. Въ сре́ду и четве́ргъ на э́той недѣ́лѣ бу́ду о́чень за́нятъ и лишёнъ возмо́жности воспо́льзоваться назначе́нiемъ.

---

## 18. Félicitation pour le jour de fête.

Франсуа́ Сигизму́ндовичъ Клодъ

поздравля́етъ многоуважа́емую А́нну Ива́новну съ днёмъ А́нгела; жела́етъ встрѣ́тить мно́го и мно́го таки́хъ дней въ бу́дущемъ въ до́бромъ здоро́вьѣ и благополу́чiи; сожалѣ́етъ, что прико́ванный болѣ́знью къ посте́ли, лишёнъ удово́льствiя предста́вить поздравле́нiе ли́чно.

---

# 19. Lettre de félicitations au sujet d'un mariage.

Многоуважа́емые
А́нна Серге́евна и Па́велъ Никола́евичъ!

Принося́ почти́тельнѣйшую призна́тельность за Ва́ше любе́зное приглаше́ніе приня́ть уча́стіе въ пра́зднествѣ бракосочета́нія Ва́шей доро́го́й до́чери Людми́лы Па́вловны, — Марі́я Эдму́ндовна и я, про́симъ переда́ть дороги́мъ новобра́чнымъ на́ше и́скреннее поздравле́ніе и серде́чныя пожела́нія семе́йнаго сча́стья и долголѣ́тія.

Про́симъ не осуди́ть насъ, что, за́нятые неотло́жными обя́занностями, мы отказа́ли себѣ́ въ удово́льствіи прису́тствовать на Ва́шемъ семе́йномъ пра́зникѣ и ли́чно поздра́вить Людми́лу Па́вловну.

Жела́емъ Вамъ въ здоро́вьѣ ви́дѣть сча́стье Ва́шихъ дѣте́й и всего́-всего́ лу́чшаго.

И́скренно уважа́ющій *Эмануэ́ль Попли́нъ.*

---

# 20. Télégramme de félicitations.

Поздравля́емъ дороги́хъ новобра́чныхъ. Жела́емъ сча́стья, здоро́вья, многолѣ́тія. Роди́телямъ ра́дости и ви́дѣть сча́стье дѣте́й.

*Мадле́на Эммануэ́ль Попла́нъ.*

---

# 21. Un Français demande au directeur d'un gymnase d'admettre son fils comme élève.

Г-ну Дире́ктору 2-й Петрогра́дской Гимна́зіи.

Францу́зскаго граждани́на
Лю́двига Эрне́стовича Крузо́.

## ПРОШЕ́НIЕ.

Имѣ́ю честь проси́ть господи́на Дире́ктора допусти́ть къ экза́мену для поступле́нiя во 2-й классъ ввѣ́ренной Вамъ гимна́зiи сы́на моего́ Жа́на (Ива́на) Крузо́, 11 лѣтъ, вѣроиспове́да́нiя ри́мско-католи́ческаго.

Сынъ мой бу́детъ имѣ́ть кварти́ру у свое́й ба́бки, мое́й ма́тери, Мати́льды Крузо́, Лите́йная № ... 2 кв. въ Петрогра́дѣ, кото́рая берётъ на себя́ обяза́тельство снабжа́ть уча́щагося всѣмъ необходи́мымъ и имѣ́ть за нимъ надзо́ръ.

Къ проше́нiю прилага́ются: метри́ческое свидѣ́тельство о рожде́нiи Жа́на и удостовѣре́нiе о приви́тiи о́спы.

Францу́зскiй граждани́нъ *Лю́двигъ Крузо́*.

---

## 22. Demande de congé pour un élève.

Г-ну Дире́ктору 3-й Петрогра́дской Гимна́зiи.

Имѣ́ю честь про́сить господи́на Дире́ктора отпусти́ть ко мнѣ на предстоя́щiе рожде́ственскiе кани́кулы моего́ племя́нника Фе́ликса Пото́, ученика́ 2-го кла́сса и пансiоне́ра ввѣ́ренной ему́ гимна́зiи.

Надзо́ръ за его́ поведе́нiемъ, во вре́мя нахожде́нiя у меня́, я принима́ю на себя́.

Жи́тельство имѣ́ю на Вознесе́нской ул. № ... 2-й ча́сти г. Петрогра́да.

Жена́ генера́лъ-майо́ра
*Жозефи́на Ипполи́товна Бре́вская.*

---

## 23. Lettre d'excuses adressée au proviseur.

Господи́ну Кла́ссному Наста́внику 2-го кла́сса 2-й Петрогра́дской гимна́зiи.

Симъ удостовѣря'ю, что Жанъ Крузо', учени'къ
2-го кла'сса, не могъ яви'ться  на заня'тія 2-го
и 3-го сего' ма'я по слу'чаю си'льной  головно'й
бо'ли.                          *Мати'льда Крузо'.*

---

## 24. Invitation de faire une partie de wiste.

Добрѣ'йшій Сигизму'ндъ Па'вловичъ, сего'дня
на'ши постоя'нные партнёры Пётръ Ива'новичъ
и Па'велъ Петро'вичъ предполага'ютъ сыгра'ть
у меня' па'ртію въ винтъ. Бу'ду сча'стливъ ви-
дѣть и Васъ въ  7 час.  ве'чера.  Не откажи'те
отвѣ'тить.                       *Вашъ Л. Брижс'.*

---

## 25. Invitation à la soirée à l'occasion du retour d'une grand'mère.

Ма'рья Заха'ровна, Пётръ Степа'новичъ и ихъ
дѣ'ти про'сятъ дороги'хъ  Кла'ру Эрне'стовну и
Игна'тія Ипполи'товича по слу'чаю прiѣ'зда изъ
Сиби'ри, по'слѣ годова'го почти' отсу'тствія, до'л-
го ожида'емой ба'бушки, пожа'ловать  сего'дня,
въ 7 ч. ве'чера, отку'шать ча'шку ча'ю  и  про-
вести' съ ни'ми ве'черъ столь ра'достнаго собы'тія.

---

## 26. Réponse à l'invitation.

Добрѣ'йшій Августи'нъ Беньями'новичъ!

Къ моему' велича'йшему сожалѣ'нію, сего'дня
я на сто'лько за'нятъ неотло'жной отпи'ской, что
до'лженъ себѣ' отказа'ть въ удово'льствіи прове-
сти' ве'черъ въ столь прiя'тной компа'ніи.
Благодарю' за приглаше'ніе и жму ру'ку
                                *С. Буэ'.*

---

## 27. Demande de renseignements sur un jeune homme.

Многоуважа́емый Па́велъ Па́вловичъ!

Ива́нъ Петро́вичъ Козано́въ предста́вленъ на́шему семе́йству.

Такъ какъ г. Козано́въ подаётъ намъ серьёзные ви́ды, мы жела́ли бы знать его́ про́шлое, равно́ какъ и положе́ніе его́ семе́йства.

Полага́я, что Вамъ э́то хорошо́ изве́стно, какъ его́ согорожа́нину, мы проси́ли бы Васъ, изъ дру́жбы, сообщи́ть, что Вамъ изве́стно, о нра́вственности и матеріа́льномъ положе́ніи молодо́го челове́ка, равно́ какъ и его́ семе́йства.

На́ша перепи́ска бу́детъ сохранена́ въ са́мой стро́гой та́йне.

И́скренно уважа́ющій Васъ *Л. Боно́*.

---

## 28. Invitation à la soirée en l'honneur des noces d'or.

Варва́ра Па́вловна и Маркъ Семёновичъ Кривцо́вы,

извеща́я уважа́емыхъ А́нну Иси́доровну и Васи́лія Алекса́ндровича, что за́втра испо́лнится счастли́вое собы́тіе пятидесятиле́тія ихъ супру́жества, про́сятъ пожа́ловать за́втра на чай, въ 7 ч. ве́чера.

По ста́рости ле́тъ, ве́черъ наме́рены провести́ по семей́ному въ о́бществе приглаша́емыхъ и ещё не́сколькихъ до́брыхъ друзей́.

---

## 29. Invitation à un arbre de Noël.

Евфроси́нья Афана́сьевна про́ситъ доро́гую Клоти́льду Ка́рловну не отказа́ть въ удово́льстаи ви'дѣть у себя' на ёлкѣ, за'втра въ 6 ч. ве'чера, ея' дѣ'токъ.

Дѣ'тки вво'лю повеселя'тся и бу'дутъ доста'влены во вре'мя домо'й.

---

## 30. Invitation d'assister au mariage.

Пётръ Афана'сьевичъ и Екатери'на Константи'новна Лежепёковы

поко'рнѣйше про'сятъ Васъ не отказа'ть пожа'ловать на бракосочета'ніе ихъ до'чери Ири'ны Петро'вны съ француз'скимъ граждани'номъ Ма'ріусомъ Ками'лловичемъ Клуэ'.

Обря'дъ вѣнча'нія соверше'нъ бу'детъ въ Св.-Тро'ицкой це'ркви, въ селѣ' Рого'жскомъ, 15-го сего' ма'я, въ 2 часа' дня. Сва'дебный обѣ'дъ въ ихъ со'бственномъ имѣ'ніи при томъ же селѣ' Рого'жскомъ.

Програ'мма пра'зднествъ:

15 ма'я : Вѣнча'ніе и сва'дебный балъ.

16 — Ката'нье на рѣкѣ' Ко'дицѣ, ве'черомъ — уже'нье ры'бы при огня'хъ.

17 — Охо'та въ лѣсу'.

18 — Обѣ'дъ и балъ на откры'томъ во'здухѣ.

---

## 31. Demande aux parents de consentir au mariage.

Глубокоуважа'емые

А'нна Петро'вна и Па'велъ Па'вловичъ!

Бли'зкое знако'мство съ Ва'шей семьёй и внима'ніе, каки'мъ я имѣ'ю честь по'льзоваться, даю'тъ мнѣ смѣ'лость проси'ть у Васъ ру'ку Ва'шей до'чери.

Варва'ра Па'вловна и я хорошо' узна'ли другъ дру'га. и давно' мы другъ дру'га лю'бимъ. Съ споко'йной со'вѣстью обѣща'ю посвяти'ть жизнь Варва'рѣ Па'вловнѣ.

Отъ Ва'шего отвѣ'та зави'ситъ ея' и моё сча'стье.

Съ чу'вствомъ глубо'каго къ Вамъ уваже'нія и пре'данности *Ками'лль Эритье'*.

---

## 32. Invitation au thé.

Серафи'ма Августи'новна и Венеди'ктъ Сергѣ'е- вичъ Васса'лъ поко'рнѣйше про'сятъ уважа'е- мыхъ Глафи'ру Я'ковлевну и Ефи'ма Ива'новича съ дѣ'тками, пожа'ловать сего'дня, въ 8 час. ве'чера, на ча'шку ча'ю и имени'нный пиро'гъ ма'ленькой Мару'си. [1])

---

## 33. Invitation à blinis (sur une carte de visites).

А'нна Анто'новна Дебу'ръ про'ситъ многоува- жа'емыхъ Пелаге'ю Бори'совну и Ива'на Хри- стофо'ровича пожа'ловать отку'шать блино'въ, за'втра, 2-го ма'рта, въ 12 ч. дня, — блино'въ, представля'ющихъ пе'рвый ея' о'пытъ изго- товле'нія.

---

## 34. Invitation à diner.

Клементи'на Лю'двиговна и Гео'ргій Игна'ть- евичъ Пасспарту' имѣ'ютъ честь проси'ть глубо- коуважа'емыхъ Варва'ру Иси'доровну и Петра' Анто'новича не отказа'ть пожа'ловать сего'дня на обѣ'дъ въ 6 ч. ве'чера.

---

[1]) Nom diminutif de Marie — Марія.

## 35. Invitation à diner en l'honneur d'une fête.

Суса'нна Фе'доровна и Марсе'ль Леони'довичъ Крузэ' про'сятъ добрѣ'йшихъ Глафи'ру Кондра'тьевну и Про'хора Алекса'ндровича не отка-за'ть отку'шать съ ни'ми хлѣ'ба-со'ли и имени'н-наго пирога' ихъ сы'на Пе'ти [1]), сего'дня въ 5 час. дня.

———

## 36. Invitation au bal en l'honneur d'un mariage.

Христофо'ръ Петро'вичъ и Мари'я Никола'евна Переве'рзевы.

имѣ'я честь извѣсти'ть, что ихъ сынъ инжене'ръ-техно'логъ Па'велъ Христофо'ровичъ повѣ'нчанъ 12/25 сего' сентября' въ г. Ни'ццѣ, съ до'черью францу'зскаго граждани'на Клоти'льдой Мо'рцев-ной Трибо' поко'рнѣйше про'сятъ Васъ на ве'черъ, 17 сентября', въ честь э'того ра'достнаго собы'тія.

———

## 37. Invitation pour un spectacle.

Суса'нна Фердина'ндовпа Перпо', про'ситъ до-рогу'ю Аделаи'ду Вике'нтьевну сообщи'ть, не по-жела'етъ ли она' доста'вить удово'льствіе поѣ'-хать съ не'ю и Петро'мъ Петро'вичемъ въ теа'тръ.

Даётся ея' люби'мая о'пера «Проро'къ».

При утверди'тельномъ отвѣ'тѣ она' заѣ'детъ за не'ю въ 8 часо'въ.

———

[1]) Nom diminutif de Pierre — Пётръ.

## 38. Invitation au bal à l'occasion des noces d'argent.

Праско́вья Я́ковлевна и Ива́нъ Ива́новичъ Бо́бриковы, по случа́ю ра́достнаго исполне́нія двадцатипятилѣ́тія счастли́вой супру́жеской жи́зни, про́сятъ уважа́емыхъ Клоти́льду Петро́вну и Па́вла Кле́ме́нтьевича не отказа́ть пожа́ловать на ве́черъ 8-го сего́ декабря́, въ 9 часо́въ.

---

## 39. Invitation à un banquet.

### М. Г.

Францу́зская коло́нія г. Екатериносла́ва приглаша́етъ Васъ почти́ть свои́мъ прису́тствіемъ собра́ніе, устра́иваемое 1/14 ію́ля, въ честь націона́льнаго пра́здника учрежде́нія тре́тьей Респу́блики.

Програ́мма пра́зднества:

Торже́ственное засѣда́ніе подъ предсѣда́тельствомъ г. А. Фи́гера, ко́нсульскаго аге́нта Францу́зской Респу́блики: чте́ніе докла́довъ и рѣ́чи о значе́ніи пра́здника. Нача́ло въ 8 час. ве́чера.

По́слѣ докла́да музыка́льное отдѣле́ніе и та́нцы.

Съ соверше́ннымъ почте́ніемъ,
отвѣ́тственный распоряди́тель Л. Сэаз.

---

## 40. Invitation à prendre part à une partie de plaisir.

### Дорога́я А́нна Па́вловна!

За́втра, на́ша небольша́я компа́нія: я съ Ви́кторомъ Петро́вичемъ и Петро́мъ, beau-frère Па́-

велъ Петро́вичъ, Праско́вья Дани́ловна и Ѳёдоръ Ива́новичъ — вотъ и всѣ — собира́емся сдѣ́лать ма́ленькую поѣ́здку на взмо́рье. Часъ отъѣ́зда предполага́ется — 8 ч. утра́. За́втракъ на взмо́рьѣ. По́слѣ прогу́лки и ката́нья на ло́дкѣ, къ у́жину вернёмся домо́й. Компа́нія настоя́тельно про́ситъ Васъ приня́ть уча́стіе. Пріѣзжа́йте, дорога́я, къ назна́ченному ча́су ко мнѣ.

Надѣ́юсь, что Леопо́льдъ Игна́тьевичъ по возвраще́ніи изъ за-грани́цы бу́детъ дово́ленъ ма́ленькимъ развлече́ньемъ, доста́вленнымъ его́ скуча́ющей супру́гѣ.

Ва́ша любя́щая Васъ

*Еле́на Евге́ньевна.*

---

# 41. Invitation à une soirée.

Многоуважа́емые
А́нна Ива́новна и Про́хоръ Константи́новичъ!

Сего́дня, въ день націона́льнаго пра́здника учрежде́нія тре́тьей Респу́блики, Клоти́льда Андре́евна и я, про́симъ провести́ у насъ ве́черъ. Ве́черъ бу́детъ имѣ́ть семе́йный хара́ктеръ. Кро́мѣ на́шихъ хоро́шихъ знако́мыхъ, никого́ не бу́детъ. Послу́шаемъ немно́го му́зыки, пѣ́нія, а жела́ющіе — потанцу́ютъ.

Ожида́емъ Васъ къ 8 ч. ве́чера.

*Вашъ М. Клодъ.*

---

# 42. Faire part.

М. Г.

Удручённые го́ремъ Ю́лій Леопо́льдовичъ Ровинво́ль съ дѣтьми́, извѣща́я съ глубо́кимъ приско́рбіемъ о кончи́нѣ люби́мой жены́ и ма́тери А́нны Эрне́стовны, послѣ́довавшей 10-го

сего́ ію́ня, въ 3 часа́ по-полу́дни, по́слѣ про-
должи́тельной и тя́жкой болѣ́зни, поко́рнѣйше
про́сятъ Васъ не отказа́ть почти́ть свои́мъ при-
су́тствіемъ па́мять поко́йной.

Вы́носъ тѣ́ла изъ кварти́ры, по Не́вскому
проспе́кту № ..., имѣ́етъ быть 12-го, въ пя́тни-
цу, въ 9 ч. утра́, для отпѣва́нія въ ри́мско-ка-
толи́ческой це́ркви св. Па́вла и погребе́нія на
Вага́ньковскомъ кла́дбищѣ.

---

## 43. Faire part.

### М. Г.

Уби́тые го́ремъ А́нна Петро́вна Сини́цына,
Ива́нъ и Семёнъ Па́вловичи Сини́цыны, Алекса́-
ндра Па́вловна Нестру́ева, Евге́нія Па́влов-
на Крю́кова, извѣща́я о сме́рти горячо́ люби́-
маго му́жа и отца́ комме́рціи совѣ́тника Па́вла
Алекса́ндровича Сини́цына, ти́хо сконча́вшаго-
ся 21 сего́ сентября́, въ 7 ч. утра́, по́слѣ не-
продолжи́тельной, но тя́жкой болѣ́зни, про́сятъ
Васъ не отказа́ть свои́мъ прису́тствіемъ поч-
тить па́мять поко́йнаго.

Вы́носъ тѣ́ла изъ со́бственнаго до́ма, по Воз-
несе́нской ул., № ..., состои́тся 23-го, въ чет-
ве́ргъ, въ 10 ч. утра́, для отпѣва́нія въ це́ркви
Всѣхъ Святы́хъ и погребе́нія на Вага́ньковскомъ
кла́дбищѣ.

---

## 44. Faire part par un journal.

### Карлъ Лю́двиговичъ Гюро́

Во́лею Бо́жьей ти́хо почи́лъ 10 сего́ ма́я, въ
8 часо́въ ве́чера, по́слѣ продолжи́тельной и тя́ж-
кой болѣ́зни, на со́бственномъ заво́дѣ при По-
кро́вской слободѣ́, о чёмъ удручённые го́ремъ

вдова́ и дѣ́ти иввѣща́ютъ друзе́й и зпако́мыхъ поко́йнаго.

Прибы́тіе тѣ́ла на Сѣ́верный вокза́лъ 12-го, въ 10 ч. утра́. Погребе́ніе на Дми́тріевскомъ кла́дбищѣ того́ же числа́ въ 3 ч. дпя.

Осо́быхъ приглаше́ній не бу́детъ.

———

# 45. Lettre de condoléances.

**Глубокоуважа́емая Екатери́на Проко́фьевна !**

Ва́ше извѣще́ніе о сме́рти дорого́го Константи́на Константи́новича порази́ло меня́ какъ гро́момъ.

Какъ, нѣтъ уже́ въ живы́хъ ѳтого до́браго моего́ дру́га ! Какъ, семья́ уже́ лиши́лась ѳтого примѣ́рнаго му́жа и отца́ ! Тру́дно вѣ́рится — но ѳто, къ на́шему го́рю, — фактъ.

Къ моему́ глубо́кому сожалѣ́нію да́льность разстоя́нія и просту́да, непозволя́ющая на́долго выходи́ть изъ-до́му лиши́ли меня́ возмо́жности отда́ть послѣ́дній долгъ незабве́нному дру́гу.

Миръ пра́ху твоему́, до́брый человѣ́къ !

Жела́ю Вамъ здоро́вья и бо́дрости что́бы перенести́ уда́ръ судьбы́.

———

# 46. Faire part par un journal.

**На́ша обожа́емая семилѣ́тняя Не́точка [1])**

ти́хо уга́сла 17 сего́ ію́ня, въ 5 часо́въ утра́ по́слѣ тя́жкой болѣ́зни.

Извѣща́я о пости́гшемъ го́рѣ, Ива́нъ Фе́ликсовичъ и Луи́за Леопо́льдовна Бруэ́ про́сятъ

———

[1]) Nom diminutif d'Anne.

друзе́й и знако́мыхъ раздѣли́ть ихъ роди́тельское го́ре и почти́ть па́мять незабве́нной до́чери.

Вы́носъ тѣ́ла изъ кварти́ры по Дми́тріевской у́лицѣ № 19, въ 9 часо́въ утра́. Отпѣва́ніе въ ри́мско-католи́ческой це́ркви Всѣхъ Святы́хъ.

Погребе́ніе на Лу́жскомъ кла́дбищѣ.

---

## 47. Invitation d'assister au mariage d'un français et d'une russe.

Эдуа́рдъ Ла́заревичъ и Мати́льда Эми́льевна Ла-Рошъ, Пётръ Ива́новичъ и Праско́вья Фёдоровна Кру́тиковы поко́рнѣйше про́сятъ Васъ почти́ть свои́мъ прису́тствіемъ бракосочета́ніе: ихъ сы́на инжене́ра Алекса́ндра Эдуа́рдовича съ дѣви́цей до́черью комме́рціи совѣ́тника А́нной Петро́вной Кру́тиковой, имѣ́ющее быть у ко́нсула францу́зской респу́блики, Ма́лая Озёрная 23/10 сего́ ію́ня, въ 2 ч. пополу́дни и церко́вное благослове́ніе того́ же числа: въ правосла́вной це́ркви св. Іакова — на Воздви́женкѣ и въ 5¹⁄₂ ч. въ Ри́мско-католи́ческой це́ркви Всѣхъ Святы́хъ — что на Большо́й Садо́вой.

---

## 48. Recommandation d'une couturière.

Дорога́я

Августи́на Арно́льдовна.

На дняхъ Вы проси́ли рекомендова́ть Вамъ портни́ху. Я указа́ла свою́ постоя́нную портни́ху Бори́сову. Тепе́рь я измѣни́ла вы́боръ. Вчера́ я уви́дѣла на на́шей о́бщей знако́мой А́ннѣ Фили́пповнѣ но́вое пла́тье и за́мерла въ восхище́ніи. Повѣ́рьте, ми́лая, така́я пре́лесть, тако′е восхище′нье! Э′то — изд $\breve{\text{е}}$′лье Ва′шей сооте′чественницы м-<sup>me</sup> Букло′, кото′рая откры′ла магази′нъ наза′дъ тому′ три м $\breve{\text{е}}$′сяца и уже′ им $\breve{\text{е}}$′етъ ма′ссу зака′зчицъ. Я сама′ не могу′ преодол $\breve{\text{е}}$′ть искуше′нія и закажу′ ко′е что. А′нна Фили′пповна говори′тъ, что магази′нъ снабжёнъ са′мымъ бога′тымъ ассортиме′нтомъ това′ровъ и всё са′мыя посл $\breve{\text{е}}$′днія нови′нки Пари′жа.

Хоти′те, дорога′я я къ Вамъ за $\breve{\text{е}}$′ду за′втра ме′жду 2 и 3 часа′ми. По $\breve{\text{е}}$′демъ къ ней вм $\breve{\text{е}}$′ст $\breve{\text{е}}$.

Ва′ша А. Бобро′ва.

---

## 49. Une dame du monde recommande une bonne.

Графи′ня<br>
Мари′я Ива′новна Заблудо′вская

Узна′въ, что княги′ня Ири′на Па′вловна и′щетъ пе′рвую го′рничную и жела′я въ э′томъ помо′чь, рекоменду′етъ пода′тельницу ка′рточки А′нну Кло′цкую, кре′стницу ея′ ня′ни, изв $\breve{\text{е}}$′стную съ хоро′шей стороны′ какъ по добросо′в $\breve{\text{е}}$стному отноше′нію къ сво′имъ обя′занностямъ, такъ и по поведе′нію и нра′вственнымъ ка′чествамъ.

---

## 50. Demande de renseignements faite par un français se trouvant dans une ville russe.

Ми′лостивый Госуда′рь<br>
Ива′нъ Ива′новичъ.

Я то′лько что при′былъ на слу′жбу въ Вашъ го′родъ и хот $\breve{\text{е}}$′лъ бы′ло ви′д $\breve{\text{е}}$ть Васъ, но оказа′лось, что Вы возвраща′етесь по′здно ве′черомъ;

придётся отложи'ть визи'тъ до ближа'йшаго воскресе'нья. Ме'жду тѣмъ, у меня' настоя'тельная потре'бность обрати'ться къ Вамъ за нѣ'которыми указа'ніями, какъ къ лицу' зна'ющему го'родъ и на любе'зность кото'раго я могу' расчи'тывать.

Обраща'юсь къ Вамъ съ письмо'мъ, на кото'рое прошу' отвѣ'тить, за невозмо'жностью ви'дѣться — письмо'мъ же. Во пе'рвыхъ, не мо'жете ли Вы мнѣ указа'ть семе'йный пансіо'нъ и'ли гости'ницу-пансіо'нъ, на мане'ръ заграни'чныхъ, куда' бы я могъ перее'хать до обзаведе'нія свое'й кварти'рой. Е'сли таковы'хъ въ го'родѣ не имѣ'ется, то хотя' бы про'сто гости'ницу, гдѣ въ опредѣлённые часы' мо'жно имѣ'ть за'втракъ и обѣ'дъ и'ли, какъ у васъ при'нято, обѣ'дъ и у'жинъ; така'я гости'ница, какъ мнѣ говори'ли, есть въ го'родѣ, но я не зна'ю, гдѣ она'. Согласи'тесь — и неудо'бно и до'рого всё зака'зывать по ка'ртѣ.

Мнѣ ну'жно заказа'ть лѣ'тній костю'мъ, жара' ужа'сная. Мо'жете ли Вы мнѣ указа'ть портно'го, кото'рый пошлётъ изъ своего' матеріа'ла, и'ли напро'тивъ, посовѣ'туйте магази'нъ и портно'го въ отдѣ'льности.

Куда' мнѣ обрати'ться за пріиска'ніемъ кварти'ры? Гдѣ купи'ть ме'бель?

Сообще'ніемъ свѣ'дѣній Вы меня' мно'го обя'жете. Ты'сячу разъ извиня'юсь за безпоко'йство, по прошу' быть снисходи'тельнымъ, ввиду' исключи'тельнаго положе'нія, въ кото'ромъ я нахожу'сь.

Гото'вый къ услу'гамъ *Жюль Дюва'ль.*

---

# 51. Plainte adressée au directeur d'un bureau de poste.

Господи'ну нача'льнику Н-ской почто'во-телегра'фной конто'ры.

По'льзуясь слу'чаемъ, что Вы любе'зно присла'ли мнѣ опро'сную ка'рточку для провѣ'рки сте'-

пени испра'вности доставле'нія корреспонде'нціи, я, не придава'я настоя'щему письму' значе'нія жа'лобы, а какъ бы въ дополне'ніе къ отвѣ'тамъ на ка'рточку, проси'лъ бы Васъ внуши'ть разно'счику, что'бы онъ ни въ ко'емъ случаѣ не дава'лъ мои'хъ пи'семъ, для переда'чи, прислу'гѣ сосѣ'дней кварти'ры. Я предпочита'ю, что'бы онъ опуска'лъ ихъ въ вы'вѣшенный отны'нѣ я'щикъ, не дава'я ихъ да'же мое'й прислу'гѣ. Что каса'ется заказно'й корреспонде'нціи, то я настоя'тельно прошу', что'бы такова'я вруча'лась за распи'ской мое'й и'ли мое'й жены'. Вся'кія распи'ски «по довѣ'ріюе, — вы'мышлены, такъ какъ никого', кро'мѣ жены', я не уполнома'чивалъ на получе'ніе пи'семъ.

Прошу' приня'ть, г. Нача'льникъ, увѣре'ніе въ мое'мъ къ Вамъ уваже'ніи.

*Ива'нъ Романе'нко.*

---

# 52. Demande faite à la poste pour faire suivre une correspondance.

Господи'ну нача'льнику Екатериносла'вской почто'во-телегра'фной конто'ры.

Въ ввѣ'ренной Вамъ Конто'рѣ должна' находи'ться корреспонде'нція, адресо'ванная на моё и'мя «до востре'бованія».

Измѣни'въ маршру'тъ, имѣ'ю честь проси'ть Васъ сдѣ'лать распоряже'ніе о пересы'лкѣ таково'й корреспонде'нціи, а равно' и той, кото'рая посту'питъ вновь, въ Ха'рьковъ, гдѣ я въ настоя'щее вре'мя прожива'ю.

Францу'зскій граждани'нъ *Поль Берже'.*

---

# 53. Lettre adressée à un bureau de placement.

Въ Конто́ру по на́йму прислу́ги А. По́чкиной.

Екатериносла́въ, Вокза́льная улица, домъ № 00, кв. № 28.

Ми́лостивая Госуда́рыня.

Тре́буется на Карнава́тскій рудни́къ при мѣсте́чкѣ *) Криво́мъ Ро́гѣ для семе́йства изъ четырёхъ душъ (дво́е малолѣ́тнихъ дѣте́й) инжене́ра Хорько́ва: 1) куха́рка, тре́звая, умѣ́ющая хорошо́ гото́вить, включа́я и сла́дкія блю́да; на ея́ же обя́занности — мо́йка посу́ды, убо́рка ку́хни съ ме́лкой сти́ркой; жела́тельно пожилу́ю; на жа́лованіе 25 руб. въ мѣ́сяцъ; 2) го́рничная, умѣ́ющая служи́ть за столо́мъ, убира́ть ко́мнаты (5 ко́мнатъ), натира́ть полы́ (два раза́ въ мѣ́сяцъ мо́йка поло́въ), уха́живать за дѣтьми́, съ ме́лкой почи́нкой бѣлья́ и ме́лкой сти́ркой; 18 рубле́й въ мѣ́сяцъ.

Распредѣле́ніе дня: въ 7 ч. у́тренній за́втракъ, 12 ч. — за́втракъ, 4 ч. — чай, 7 ч. — обѣ́дъ.

Проѣ́здъ въ о́ба конца́ за счётъ нанима́теля. Е́сли конто́ра мо́жетъ рекомендова́ть таковы́хъ, я переведу́ де́ньги на проѣ́здъ. Вмѣ́стѣ съ симъ прошу́ сообщи́ть, кака́я слѣ́дуетъ пла́та за рекомбенда́цію.

Съ соверше́ннымъ почте́ніемъ

Секрета́рь инжене́ра Хорько́ва
    И. Семёновъ.

---

*) Мѣсте́чко — une toute petite ville.

# 54. Lettre adressée à l'administration d'un club.

Въ Совѣ'тъ Старши'нъ Н-скаго Обще'ственнаго Собра'нія.

### Ми'лостивые Госуда'ри.

Имѣ'я намѣ'реніе записа'ться въ чле'ны Ва'шего почте'ннаго Собра'нія, поко'рнѣйше прошу' сообщи'ть мнѣ свѣ'дѣнія: усло'вія для баллотиро'вки въ чле'ны, ско'лько должно' исте'чь вре'мени отъ заявле'нія, до дня баллотиро'вки, ско'лько тре'буется чле'новъ для рекоменда'ціи баллотиру'ющагося, како'въ чле'нскій взносъ, какъ ча'сты о'бщія собра'нія; имѣ'ется ли при собра'ніи буфе'тъ, мо'жно ли имѣ'ть обѣ'ды; имѣ'ется ли библіоте'ка, какі'я получа'ются газе'ты; имѣ'ется ли залъ для конце'ртовъ и спекта'клей и устра'иваются ли таковы'е.

Сообще'ніемъ свѣ'дѣній Вы мно'го меня' обя'жете. Съ соверше'ннымъ почте'ніемъ

*Жанъ Дюно'.*

# 55. Demande d'emploi de professeur dans une école d'État.

Въ Министе'рство Наро'днаго Просвѣ'щенія.

Францу'зскаго граждани'на Жа'ка Перре', жи'тельствующаго въ Пари'жѣ, бульва'рѣ Х, № 108.

### ПРОШЕ'НІЕ.

Жела'я получи'ть мѣ'сто преподава'теля францу'зскаго языка' въ одно'й изъ гимна'зій, класси'ческой и'ли реа'льной, петрогра'дскаго, моско'вскаго и'ли оде'сскаго округо'въ, я поко'рнѣй-

ше прошу́ Министе́рство дать мнѣ знать, адре-
су́я ли́чно и́ли че́резъ ру́сскаго ко́нсула въ
Пари́жѣ, могу́ ли я расчи́тывать, при соблюде́-
ніи всѣхъ тре́буемыхъ зако́номъ усло́вій, на
такову́ю до́лжность.

При сёмъ прилага́ю въ засвидѣ́тельствован-
ныхъ перево́дахъ, два дипло́ма Пари́жскаго
университе́та Сорбо́ны, на зва́ніе учи́теля фран-
цу́зскаго и ру́сскаго языко́въ и аттеста́тъ о
преподава́ніи мно́ю францу́зскаго языка́ въ
сре́дней шко́лѣ г. Нейи́, департа́мента Се́ны.

*Жакъ Перре́.*

---

# 56. Demande d'un officier français à son collègue russe de lui rendre un service.

### Много́уважаемый Полко́вникъ !

По́льзуясь слу́чаемъ, что одна́ изъ Ва́шихъ
часте́й нахо́дится недалеко́ отъ на́шей, обра-
ща́юсь къ Вамъ съ про́сьбой оказа́ть мнѣ цѣ́н-
ную услу́гу. Не найдётся ли въ Ва́шемъ полку́
кого́ ли́бо, кто имѣ́етъ знако́мыхъ въ г. Луга́н-
скѣ и кто могъ бы навести́ спра́вку, что ста́-
лось съ жи́вшимъ тамъ до войны́ мои́мъ ро́д-
ственникомъ инжене́ромъ А. Друэ́. Онъ служи́лъ
на чугу́нно-лите́йномъ заво́дѣ Б. и въ моме́нтъ
войны́ зачи́слился въ ру́сскую а́рмію; съ тѣхъ
поръ я не имѣ́ю о нёмъ никаки́хъ свѣ́дѣній.
Тотъ, кто мнѣ сообщи́тъ что-нибу́дь о моёмъ
ро́дственникѣ, меня́ о́чень обя́жетъ.

Для свѣ́дѣнія сообща́ю, что, какъ ви́дно изъ
его́ пи́семъ, онъ имѣ́лъ въ Луга́нскѣ мно́го
знако́мыхъ. Фами́ліи ихъ назва́ть не могу́, но
полага́ю, что таковы́хъ легко́ найти́, въ тако́мъ
небольшо́мѣ го́родѣ, какъ Луга́нскъ.

Зара'нѣе благодарю' за услу'гу и прошу' приня'ть увѣре'ніе въ чу'вствѣ моего' глубо'каго къ Вамъ, Полко'вникъ, уваже'нія.

Гото'вый къ услу'гамъ полко'вникъ Н-скаго
полка' *Рэпэ' Гурдо'нъ.*

---

## 57. Lettre d'un jeune homme à une jeune fille.

### Глубокоуважа'емая А'пна Васи'льевна!

Съ гру'стью я поки'нулъ Вашъ гостепрі'иный го'родъ и вошёлъ въ кругъ люде'й соверше'нно мнѣ незнако'мыхъ и чу'ждыхъ.

Дпёмъ за'нятъ свое'й рабо'той, но когда' наступа'етъ ве'черъ, мнѣ жи'во представля'ется Ва'ша ую'тная кварти'рка: на столѣ' ти'хо журчи'тъ самова'ръ, какъ-бы напѣва'я каку'ю-то гру'стную мело'дію; тутъ же располо'жены кулина'рныя издѣ'лія Ва'шей ма'тушки: варе'нья, пече'нья; за всѣмъ э'тимъ — ти'хая бесѣ'да. По'слѣ ча'я мы перехо'димъ въ гости'нную. Вашъ оте'цъ чита'етъ газе'ту, ма'тушка раскла'дываетъ пасьья'нсъ, а я сижу' о'коло Васъ и слу'шаю Ва'шу игру'; пье'сы гармони'руютъ съ обстано'вкой: онѣ' та'кже ти'хо заду'мчивы, какъ всё окружа'ющее.

Верну'тся ли когда' ли'бо э'ти ми'лыя карти'ны!

Слу'жбой свое'й я дово'ленъ, съ увлече'ніемъ отдаю'сь изуче'нію подро'бностей.

Съ това'рищами ещё не сошёлся, но ка'жется — э'то хоро'шіе лю'ди. Ве'черомъ чита'ю. Въ пра'здники брожу' по го'роду и опя'ть чита'ю.

О'чень Васъ прошу' писа'ть. Живу' пока' въ гости'ницѣ. А'дресъ . . . . . . . .

Жела'ю здоро'вья и всего' лу'чшаго. Привѣ'тъ отцу' и ма'тушкѣ.

Съ глубо'кимъ уваже'ніемъ
*Армо'нъ Дюво'нъ.*

# 58. Un officier français veut s'engager au service de la Russie.

Въ Вое́нное Министе́рство.

Лейтена́нта францу́зской а́рміи инжене́ра Жа́на Мунье́, слу́жащаго на заво́дѣ въ N.

Настоя́щимъ имѣ́ю честь проси́ть Министе́рство предоста́вить мнѣ мѣ́сто на одно́мъ изъ заво́довъ вое́ннаго вѣ́домства для изготовле́нія снаря́довъ и́ли грена́дъ.

Бу́дучи мобилизо́ванъ въ нача́лѣ войны́, я безпреста́нно находи́лся на таковы́хъ заво́дахъ, о чёмъ прилага́ю въ засвидѣ́тельствованныхъ перево́дахъ о́тзывы моего́ нача́льства.

До объявле́нія войны́, я провёлъ свы́ше семи́ лѣтъ въ Россі́и на слу́жбѣ, въ ка́чествѣ инжене́ра на ура́льскихъ заво́дахъ въ Х. Пребыва́ніе въ Россі́и и слу́жба на заво́дѣ да́ли мнѣ возмо́жность, какъ овладѣ́ть въ доста́точной сте́пени ру́сскимъ языко́мъ, такъ и ознако́миться съ бы́томъ и нра́вами ру́сскихъ рабо́чихъ.

Аттеста́ціи объ э́той слу́жбѣ прилага́ются.

Счита́ю ну́жнымъ поясни́ть, что поступле́ніе на ру́сскую слу́жбу да́ло бы мнѣ основа́ніе проси́ть объ оставле́ніи на таково́й и по прекраще́ніи вое́нныхъ дѣ́йствій: на како́мъ-нибу́дь казённомъ заво́дѣ и́ли при учрежде́ніи, кото́рое вѣ́дало бы комме́рческія сноше́нія Россі́и съ Фра́нціей и гдѣ бы, льщу себя́ наде́ждой, я былъ бы поле́зенъ.

Настоя́щее проше́ніе подаётся съ вѣ́дома францу́зскаго министе́рства вое́нныхъ дѣлъ, со стороны́ кото́раго препя́тствій на перехо́дъ не бу́детъ.

Отвѣ'тъ на проше'ніе прошу' сообщи'ть че'резъ Министе'рство. вое'нныхъ дѣлъ и'ли ру'сскую вое'нную ми'ссію въ Пари'жѣ.

Лейтена'нтъ Ж. Муньё'.

## 59. Ports russes.

Ми'лостивый Госуда'рь,
Августи'нъ Леопо'льдовичъ.

Продолжа'я знако'мить съ Росси'ей, даю' Вамъ — на э'тотъ разъ, согла'сно Ва'шему жела'нію, о'бщія свѣ'дѣнія о ру'сскихъ порта'хъ,

На сѣ'верѣ, на Бере'нцовомъ мо'рѣ и его' ча'сти Бѣ'ломъ мо'рѣ: Арха'нгельскъ, губе'рнскій го'родъ до настоя'щаго вре'мени и важнѣ'йшій портъ; соединёнъ желѣ'зной доро'гой съ Москво'й. Предме'тами вво'за слу'жатъ колоніа'льные това'ры, ры'ба, соль; а вы'воза — лѣсъ, лёнъ, льняно'е ма'сло, сѣмена', рожь, мука' и овёсъ. Оне'га (рѣка') — отправля'етъ значи'тельное коли'чество лѣ'са. Александро'вскъ, вблизи' Ко'лы, кото'рый явля'ется незамерза'ющей га'ванью и соединёнъ желѣ'зной доро'гой, при'званъ игра'ть первостепе'нную роль.

На Балті'йскомъ мо'рѣ: въ Финля'ндіи — Гельсингфо'рсъ, Вы'боргъ, А'бо, Николайшта'дтъ — замѣча'тельны по торго'влѣ лѣ'сомъ, дёгтемъ и поташёмъ. Да'лѣе, на Фи'нскомъ же зали'вѣ: Ре'вель, кото'рый замерза'етъ на ме'ньшее вре'мя, чѣмъ Петрогра'дскій портъ, посему' о'сенью и весно'ю че'резъ него' иду'тъ това'ры въ Москву'. Балті'йскій портъ — замерза'етъ по'слѣ други'хъ порто'въ Фи'нскаго зали'ва; онъ замѣча'теленъ свое'й прекра'сной га'ванью. Ри'га — оди'нъ изъ многолю'дныхъ городо'въ, второ'й по торго'влѣ портъ на Балті'йскомъ мо'рѣ, вы'пускъ лѣ'са, льна и други'хъ сыры'хъ проду'ктовъ. Либа'ва съ га'ванью, кото'рая почти' никогда' не замерза'етъ, соединена' желѣ'зной доро'гой съ чернозёмной полосо'й Россі'и. Винда'ва — купе'ческій портъ, соединёнъ желѣ'зной доро'гой съ Москво'й и Ри'гой.

На Чёрномъ мо'рѣ: Оде'сса, кото'рую я описа'лъ въ одно'мъ изъ предыду'щихъ пи'семъ. Никола'евъ — ближа'йшій портъ для погру'зки желѣ'зной руды' и ма'рганца Криворо'гскаго и Никопо'льскаго бассе'йна. Херсо'нъ — на Днѣпрѣ', пріобрѣта'ющій съ углубле'ніемъ у'стья рѣки' всё бо'льшее и бо'льшее значе'ніе.

---

# 60. Les plus importantes villes de Russie.

Ми'лостивый Госуда'рь
Августи'нъ Леопо'льдовичъ.

Согла'сно Ва'шему жела'нію сообща'ю кра'ткія свѣ'дѣнія о города'хъ, кото'рые Васъ интересу'ютъ.

*Петрогра'дъ* — столи'ца Россі'и, бо'лѣе 2-хъ съ полови'ной милліо'новъ жи'телей, перерѣ'занъ мно'гими кана'лами; широ'кія и пра'вильныя у'лицы, обши'рныя пло'щади, мно'жество дворцо'въ и роско'шныхъ зда'ній дѣ'лаютъ его' одни'мъ изъ са'мыхъ краси'выхъ городо'въ Россі'и. Э'то центръ учёной и уче'бной дѣ'ятельности. Въ его' окре'стностяхъ мно'го заво'довъ и фа'брикъ, преиму'щественно сталелите'йныхъ и вое'ннаго снаряже'нія.

*Москва'* — два милліо'на жи'телей, на рѣкѣ' Москвѣ', дре'вняя столи'ца; сохрани'вшіяся дре'внія постро'йки, а стѣ'ны съ ба'шнями и воро'тами дѣ'лаютъ её о'чень живопи'сной. Въ мануфакту'рномъ отноше'ніи Моско'вскую губе'рнію мо'жно назва'ть пе'рвой въ Россі'и. Ме'жду фа'бриками пе́рвое ме́сто занима́ютъ, выраба́тывающія си́тцы, кисею́ и други́я мате́ріи.

*Оде́сса* — 700 тыс. жи́телей, пе́рвый торго́вый портъ на Чёрномъ мо́рѣ и тре́тій въ госуда́рствѣ. Красота́ постро́екъ изъ известняка́ въ италья́нскомъ вку́сѣ, широ́кія у́лицы, кипу́чая дѣ́ятельность произво́дитъ о́чень хоро́шее впечатлѣ́ніе. Дли́нный бульва́ръ съ ви́домъ на откры́тое мо́ре напомина́етъ Ни́ццу и явля́ется одни́мъ изъ краси́вѣйшихъ мѣстъ, како́е мо́жно себѣ́ предста́вить.

*Кіевъ* — 600 т. жит., оди́нъ изъ краси́вѣйшихъ и многолю́днѣйшихъ городо́въ Россі́и, располо́женъ на Днѣпрѣ́. Въ промы́шленномъ отноше́ніи замѣча́теленъ свое́й контракто́вой я́рмаркой; сла́вится свои́ми нали́вками, варень́емъ и фру́ктами.

*Ха́рьковъ* — оди́нъ изъ гла́вныхъ це́нтровъ вну́тренней торго́вли; на четы́ре его́ я́рмарки сво́зятъ бо́лѣе чѣмъ на 50 мил. руб. това́ровъ.

*Ни́жній-Но́вгородъ* — на пра́вомъ, высо́комъ берега́хъ Оки́ и Во́лги, знамени́тъ свое́ю я́рмаркою, пе́рвой въ Россі́и; недалеко́ отъ мѣ́ста я́рмарки нахо́дится Со́рмово — оди́нъ изъ са́мыхъ больши́хъ желѣзодѣ́лательныхъ и судострои́тельныхъ заво́довъ Россі́и.

*Росто́въ* располо́женъ на Дону́, большо́й порто́вый го́родъ, слу́житъ скла́дочнымъ мѣ́стомъ для всѣ́хъ това́ровъ, иду́щихъ изъ ю́жныхъ порто́въ и изъ восто́чной Сиби́ри.

Слѣ́дующій разъ бу́ду продолжа́ть. Гото́въ служи́ть въ дальнѣ́йшемъ. Жела́ю здоро́вья.

## 61. L'industrie russe.

Ми́лостивый Госуда́рь
Эрне́стъ Фердина́ндовичъ!

Въ послѣ́днемъ письмѣ́ Вы проси́ли дать Вамъ свѣ́дѣнія о Россі́и. Я ограничу́сь то́лько са́мы-

ми о'бщими. Ни разм'ѣ'ръ письма', ни обши'р-
ность зада'чи не позволя'ютъ ско'лько-нибу'дь
распространя'ться. И такъ какъ Вы хоти'те им'ѣ'ть
представле'ніе для практи'ческихъ ц'ѣ'лей, о той
и'ли друго'й о'бласти промы'шленности и о це'н-
трахъ таково'й, я бу'ду радъ Вамъ услужи'ть и
сд'ѣ'лаю возмо'жное, что'бы доста'вить матеріа'лъ
по вопро'самъ, кото'рые Васъ интересу'ютъ.

Я бу'ду говори'ть объ Европе'йской Россі'и. Европе'йская Россі'я состои'тъ изъ 59 губе'рній и 1-й о'бласти, 10 градонача'льствъ и 1 вое'ннаго губерна'торства. Кро'м'ѣ того' Вели'кое Кня'жество Финля'ндское состои'тъ изъ 8 губе'рній, а Кавка'зъ изъ 14 губе'рній.

Россі'я, гла'внымъ о'бразомъ, страна' земле-д'ѣ'льческая. Важн'ѣ'йшими пос'ѣ'вами явля'ются: рожь и пшени'ца, зат'ѣ'мъ — ове'съ, карто'фель, ячме'нь. Кро'м'ѣ пита'тельныхъ расте'ній ва'жное значе'ніе им'ѣ'етъ возд'ѣ'лываніе техни'ческихъ расте'ній тре'буемыхъ для обраба'тывающей промы'шленности: лёнъ, коно'пля, хло'покъ, свекло'ви'ца и таба'къ. Изъ други'хъ областе'й земле-д'ѣ'льческой добыва'ющей промы'шленности ва'жную роль игра'етъ л'ѣсово'дство. Въ н'ѣ'которыхъ губе'рніяхъ ра'звито огоро'дничество и садово'дство. Культу'ра виногра'дниковъ, не смотря' на благопрія'тныя усло'вія н'ѣ'которыхъ м'ѣ'стностей ра'звита сла'бо.

По рыболо'вству Россі'я занима'етъ одно' изъ пе'рвыхъ м'ѣ'стъ въ мі'р'ѣ, уступа'я то'лько Соединённымъ Шта'тамъ и А'нгліи. При больши'хъ разм'ѣ'рахъ рыболо'вства, число' заво'довъ для приготовле'нія ры'бныхъ консе'рвовъ—всего' 30 — мн'ѣ ка'жется недоста'точнымъ, ч'ѣмъ ду'маю и объясня'ется дорогови'зна въ Россі'и консе'рвовъ.

По свои'мъ минера'льнымъ бога'тствамъ Россі'ю ну'жно призна'ть одно'й изъ богат'ѣ'йшихъ странъ

въ ми́ръ, но мъсторожде́нія мно́гихъ минера́-
ловъ ещё ма́ло изслъ́дованы. Желъ́зо добыва́ет-
ся на Ура́лъ, въ Екатериносла́вской и Херсо́н-
ской губе́рніяхъ и Привисля́нскомъ кра́ъ (бас-
се́йнъ ръки́ Ви́слы). Зо́лото — въ Финля́ндіи,
на Ура́лъ и гла́внымъ о́бразомъ въ Сиби́ри.
Серебро́ — въ Сиби́ри и на Кавка́зъ. Плати́на
— на Ура́лъ.

По добыва́нію не́фти Росси́я занима́етъ та́кже
одно́ изъ пе́рвыхъ мъстъ.

Обраба́тывающая промы́шленность разви́та
сла́бо. Бо́лъе други́хъ разви́то мукомо́льное
произво́дство; льняно́е же произво́дство хотя́
дости́гло большихъ размъ́ровъ, но тепе́рь па́-
даетъ. Желъ́зная промы́шленность въ Росси́и
о́чень молода́я, хотя́ въ послъ́днее вре́мя сдъ́-
лала больші́е успъ́хи.

Вотъ всё, что я могу́ сказа́ть въ ра́мкахъ
письма́.

Гото́въ служи́ть и да́льше. Съ соверше́ннымъ
уваже́ніемъ

Вашъ Федо́тъ Ка́рповъ.

---

# 62. Menu d'un grand dîner.

Дорога́я А́нна Па́вловна!

На дняхъ я ду́маю дать зва́нный объ́дъ и хо-
тъ́ла бы провъ́рить свъ́дънія кото́рыя я имъ́ю,
какъ сервиру́ется столъ и каки́я подаю́тся блю́-
да на подо́бныхъ объ́дахъ.

Ну, что каса́ется сервиро́вки стола́, я ду́маю
здъсь нътъ никако́й ра́зницы съ сервиро́вкой у
насъ, во Фра́нціи. Но, какъ мнъ говори́ли, въ
Росси́и большо́е значе́ніе придаётся заку́скамъ,
и столъ съ заку́сками ста́вится отдъ́льно, для
мущи́нъ, — ча́сто, да́же въ сосъ́дней ко́мнатъ,
что́бы не стъсня́ть жела́ющихъ вы́пить ли́ш-
нюю рю́мку во́дки. На столъ́ заку́сокъ и раз-

наго ро́да во́докъ должно́ ме́жду про́чими заку́сками быть: икра́—све́жая и па́юсная, ры́бные консе́рвы, сёмга, балы́къ, ра́знаго ро́да пашге́ты, пирожки́, швейца́рскій сыръ и пр. и пр.

По́слѣ заку́ски, обѣ́дъ начина́ется су́помъ: лу́чше всего́ пода́ть стерля́жью уху́ и́ли супъ изъ черепа́хи, а за невозмо́жностью — бульо́нъ; вся́кій супъ подаётся съ пирожка́ми: съ мозга́ми, мясны́ми, ры́бными, съ ри́сомъ и яй́цами. Да́лѣе, я пода́мъ ры́бу, затѣ́мъ како́е-нибу́дь мя́со подъ со́усомъ, пото́мъ о́вощное блю́до, въ промежу́ткѣ — заморо́женный пуншъ и жарко́е: дичь и́ли, за невозмо́жностью доста́ть — индѣ́йку съ сала́томъ. За жарки́мъ бу́детъ по́дано шампа́нское. Затѣ́мъ, коне́чно, сла́дкое. Сыръ и фру́кты должны́ быть на столѣ́ и составля́ть часть его́ сервиро́вки. Ко́фе. Ликёры.

Не такъ ли, ми́лая?

Я всё хорошо́ разузна́ла, но что́бы быть споко́йной спра́шиваю Васъ.

Всего́ лу́чшаго.

Ва́ша К. Жульѐ́нъ.

---

# 63. Demande adressée au bureau d'un hôtel pour réserver une chambre.

Администра́ціи «Центра́льной Гости́ницы» въ гор. Ха́рьковѣ.

Ми́лостивые Госуда́ри.

10-го сего́ мѣ́сяца я расчи́тываю быть въ Ха́рьковѣ.

Постоя́нно остана́вливаясь въ Ва́шей гости́ницѣ, я хотѣ́лъ бы и тепе́рь останови́ться у Васъ. Тепе́рь я́рмарка въ разга́рѣ и мо́жетъ случи́ться, что у Васъ не бу́детъ свобо́днаго но́мера.

Прошу' Васъ сообщи'ть, могу' ли я расчи'ты-
вать имѣ'ть но'меръ рубле'й въ 4-5, хотя' бы,
наприм'ѣ'ръ, № 11, за кото'рый я плати'лъ въ
обыкнове'нное вре'мя 2 р. 50 к.

О'чень былъ бы радъ е'сли бы Вы оста'вили
для меня' оди'нъ изъ подо'бныхъ номеро'въ. Прі-
ѣ'ду на де'сять дней.

Съ соверше'ннымъ почте'ніемъ

*Ив. Лягушо'въ.*

А'дресъ: Екатериносла'въ, гости'ница «Фра'нція».

---

# 64. Quelques conseils au voyageur en Russie.

Ми'лостивый Госуда'рь
Бенеди'ктъ Альбе'ртовичъ!

Я слы'шалъ, что Вы собира'етесь ѣ'хать въ
Россі'ю. Вмѣ'стѣ съ пожела'ніемъ счастли'вой
доро'ги, я позволя'ю себѣ' дать Вамъ нѣ'сколько
совѣ'товъ, какъ лицу' въ пе'рвый разъ ѣ'дущему
въ на'шу страну'.

Осо'бенность ру'сскихъ поѣздо'въ та, что они'
дѣ'лаютъ о'чень ча'сто и сли'шкомъ больші'я
остано'вки. Пе'редъ отхо'домъ по'ѣзда даётся три
звонка' и швейца'ръ, по'слѣ ка'ждаго звонка',
проходя' за'лы, объявля'етъ: тако'й-то звоно'къ
для тако'го-то по'ѣзда, по'ѣздъ стои'тъ на тако'мъ-
то пути'. Э'то съ одно'й стороны' удо'бно, съ дру-
го'й стороны', пріуча'етъ пассажи'ровъ къ безпе'ч-
ности — ожида'ть тре'тьяго звонка', а тре'тій зво-
но'къ — пе'редъ са'мымъ отхо'домъ по'ѣзда. На
ка'ждой ста'нціи ма'ло-ма'льски продолжи'тельной
остано'вки есть буфе'тъ, гдѣ мо'жно имѣ'ть хо-
ло'дныя, а на больши'хъ ста'нціяхъ и горя'чія
блю'да.

Стара'йтесь имѣ'ть свѣ'дѣнія о гости'ницахъ
го'рода, гдѣ намѣ'рены останови'ться. Изво'зчики

ча'сто везу'тъ пассажи'ровъ не въ бо'лѣе удо'б-
ныя гости'ницы, а въ ближа'йшія и'ли гдѣ они'
получа'ютъ отъ содержа'телей на чай. Во всѣхъ
ско'лько-нибу'дь значи'тельныхъ города'хъ суще-
ству'етъ для изво'зчиковъ та'кса. Узна'йте рестора-
ра'нъ, гдѣ даю'тся въ опредѣлённые часы' обѣ'дъ,
попро'буйте пообѣ'дать. Есть рестора'ны, гдѣ
обѣ'ды не до'роги и хороши'. Э'то бу'детъ Вамъ
сто'ить деше'вле, чѣмъ зака'зывать по ка'ртѣ.

Бу'дете въ Москвѣ' узна'йте рестора'ны, гдѣ
мо'жно хорошо' поѣ'сть и узна'ете хорошо' приго-
гото'вленныя ру'сскія блю'да. Нѣ'которые моско'в-
скіе рестора'ны сла'вятся свои'ми обѣ'дами, дру-
гі'е — за'втраками; есть рестора'ны кото'рые
извѣ'стны тѣ'ми и'ли други'ми ку'шаньями: ку-
лебя'кой, растяга'ями. Я былъ нѣ'когда въ Москвѣ',
но не могу' съ увѣ'ренностью назва'ть рестора'-
новъ, да и ду'маю, что мно'гое съ тѣхъ поръ
измѣни'лось.

Жела'ю всего' лу'чшаго.

Вашъ *Григо'рій Панько'*.

---

# 65. Lettre adressée au Conseil Mu-<br>nicipal.

Въ М-скую Городску'ю Упра'ву,

> И. И. Жера'ра, жи'тельствую-
> щаго по Наго'рной у'лицѣ,
> въ со'бственномъ до'мѣ.

Безпоря'докъ, въ кото'ромъ съ нѣ'котораго
вре'мени нахо'дится Наго'рная у'лица, настоя'-
тельно заставля'етъ меня' обрати'ть внима'ніе
Упра'вы.

Вотъ уже' недѣ'ли двѣ какъ на'ша у'лица не
полива'ется и каж'ется, да'же не подмета'ется.
Вездѣ' ку'чи со'ра, кото'рый подыма'ется во вре'-

мя вѣ'тра и ка'жется — бу'дто нахо'дишься не въ го'родѣ, а въ како'й-нибу'дь песча'ной степи'. Я не допуска'ю, что'бы Упра'вѣ бы'ло извѣ'стно тако'е безпоря'дочное содержа'ніе у'лицы.

Кро'мѣ всего' э'того, я настоя'тельно прошу' Упра'ву сдѣ'лать исправле'нія мостово'й, е'сли не перемоще'ніе всей у'лицы. Мостова'я на на'шей у'лицѣ пришла' въ нѣ'которыхъ мѣста'хъ въ невозмо'жное состоя'ніе: вы'боины и уха'бы таковы', что нельзя' ѣ'здить безъ ри'ска полома'ть рессо'ры.

Льщу себя' надеж'дой, что Упра'ва не замед'литъ войти' въ разсмотрѣ'ніе настоя'щей мое'й жа'лобы.

*И. Жера'ръ.*

---

# 66. Lettre d'un père au directeur d'une école.

Господи'ну Дире'ктору 3-й гимна'зіи.

Къ моему' приско'рбію, отмѣ'тки моего' сы'на Ша'рля за истёкшую че'тверть го'да оказа'лись не то'лько плохи'ми, но гора'здо ху'дшими, чѣмъ за про'шлую че'тверть.

Я глубоко' объ э'томъ сожалѣ'ю и хотѣ'лъ бы ли'чно говори'ть съ Ва'ми, г. Дире'кторъ, о приня'тіи мѣръ помо'чь э'тому положе'нію, но къ несча'стью, моя' болѣ'знь лиша'етъ меня' возмо'жности выходи'ть и'зъ-дому. Въ виду' э'того, я обраща'юсь къ Вамъ пи'сьменно и прошу' Ва'шего внима'нія къ моему' сы'ну, въ увѣ'ренности, что успѣ'хи Ва'шихъ воспи'танниковъ та'кже Вамъ до'роги, какъ для меня' успѣ'хи моего' сы'на.

Что за причи'ны тако'го печа'льнаго положе'нія моего' сы'на? Отсу'тствіе-ли спосо'бностей? Недоста'токъ ли внима'нія и прилежа'нія? Мо'-

жетъ быть ему́ .ну́женъ репети́торъ для внѣ-
кла́ссныхъ заня́тій? Мо́жете-ли Вы мнѣ тако́го
указа́ть?

Съ свое́й стороны́, я позволя́ю себѣ́ обрати́ть
Ва́ше внима́ніе, г. Дире́кторъ, что мой сынъ,
какъ иностра́нецъ, мо́жетъ быть не вошёлъ ещё
въ курсъ среды́, кото́рая его́ окружа́етъ и ну-
жда́ется въ осо́бомъ попече́ніи, о кото́ромъ я
хода́тайствую пе́редъ Ва́ми для него́.

Извиня́ясь за безпоко́йство, прошу́ Васъ не
отказа́ть отвѣ́тить мнѣ, снисходя́ къ моему́ по-
ложе́нію, какъ отца́ ребёнка.

Прими́те, г. Дире́кторъ, увѣре́ніе въ моёмъ
глубо́комъ къ Вамъ уваже́ніи

*Алекса́ндръ Бригъ.*

---

## 67. Un client demande à son notaire de lui préparer un projet de traité.

Господи́ну Нота́ріусу А. М. Куцу́бову. Здѣ́сь.

### Ми́лостивый Госуда́рь.

За́втра, о́коло десяти́ часо́въ утра́, я бу́ду
въ Ва́шей конто́рѣ съ уполномо́ченными де-
ре́вни Вискови́той для заключе́нія догово́ра объ
аре́ндѣ у нихъ уча́стка для эксплоата́ціи же-
лѣ́зной руды́.

Прилага́ю при сёмъ ихъ полномо́чіе и прошу́
соста́вить прое́ктъ догово́ра.

Предме́тъ аре́нды составля́етъ уча́стокъ зем-
ли́ въ 20 десяти́нъ, въ грани́цахъ ука́занныхъ
въ полномо́чіи, срокъ аре́нды — 20 лѣтъ. Аренда-
то́ръ имѣ́етъ пра́во производи́ть развѣ́дки
всѣ́ми спо́собами, каки́ми онъ найдётъ ну́ж-
нымъ, устра́ивать ша́хты и карье́ры, проводи́ть
доро́ги ну́жныя для эксплоата́ціи и́ли развѣ́-
докъ; возводи́ть постро́йки. Всѣ сооруже́нія,

за исключе́ніемъ маши́нъ съ ихъ принадле́жно-
стями, остаю́тся по истече́ніи сро́ка въ по́льзу́
со́бственника.

Пла́та за ка́ждый добы́тый и вы́везенный
пудъ руды́ — 1¹/₂ коп. Пла́та за ка́ждую деся-
ти́ну, за́нятую подъ сооруже́нія, постро́йки и
доро́ги — 40 руб. въ годъ, а за часть ея́ — по
расчёту.

Попо́лните ну́жными усло́віями, какі́я пи́-
шутся въ подо́бныхъ догово́рахъ.

Прошу́ не заде́рживать, такъ-какъ за́втра же
я расчи́тываю уѣ́хать съ пе́рвымъ вече́рнимъ
по́ѣздомъ.

Въ ожида́ніи ви́дѣть Васъ за́втра въ Ва́шей
конто́рѣ, въ 10 ч. утра́, остаю́сь съ соверше́н-
нымъ почте́ніемъ

*Л. Прево́*,
Дире́кторъ Францу́зскаго О́бщества
« Минъ э Фэръ ».

---

# 68. Déclaration d'un vol adressée au chef de police.

Господи́ну Комисса́ру Сущёвской ча́сти.

Францу́зскаго граждани́на
Альфо́нса Дернье́, 5, Ни́ж-
няя у́лица.

Имѣ́ю честь заяви́ть Вамъ, что въ ночь на сіе́
число́, неизвѣ́стными злоумы́шленниками похи́-
щено у меня́ изъ за́пертаго чердака́ мое́й квар-
ти́ры, при посре́дствѣ взло́ма замка́, ра́знаго
ро́да бѣлья́ на су́мму о́коло 400 рубле́й.

На мѣ́стѣ кра́жи злоумы́шленниками оста́в-
ленъ носово́й плато́къ съ мѣ́тками Х. Л., кото́-
рый при семъ прилага́ю.

Имѣ́ю честь проси́ть не заме́длить присту-
пи́ть къ дозна́нію, такъ какъ, не заявля́я пря-

мо'го обвине'нія, я имѣ'ю подозрѣ'ніе, что кра'-
жа совершена' живу'щими въ сосѣ'днемъ до'мѣ
молоды'ми людьми', профе'ссія кото'рыхъ весьма'
неопредѣлёна и бы'стро произведённое дозна'ніе
мо'жетъ привести' къ обнаруже'нію похи'щеннаго.

Францу'зскій граждани'нъ

*Альфо'нсъ Дернье'.*

## 69. Lettre d'une jeune fille à un jeune homme.

Граждани'нъ Ива'нъ Па'вловичъ.

Вотъ уже' три дня какъ уѣ'халъ па'па и я съ
ма'мой сиди'мъ до'ма.

Вамъ бы'ло извѣ'стно, что па'па до'лженъ уѣ'-
хать и что мы са'ми не рѣша'емся выходи'ть, а
ме'жду тѣмъ, Вы не явля'етесь. Пра'вда, что Вы
всегда' найдёте отгово'рки, что Вы бы'ли о'чень
за'няты, но не весь же день протека'етъ у Васъ
въ заня'тіяхъ и Вы могли' бы удѣли'ть намъ
часъ — друго'й. Пра'во, Вы не мо'жете похва-
ли'ться любе'зностью.

За'втра — день му'зыки. Я съ ма'мой хотѣ'ли
бы непремѣ'нно пойти' послу'шать. Поэ'тому, изво'-
во'льте яви'ться за'втра къ намъ, въ 5 часо'въ,
безъ вся'каго замедле'нія и отгово'рокъ. Е'сли
дѣйстви'тельно Вы такъ за'няты, Вы мо'жете по-
нату'житься и порабо'тать бо'льше сего'дня и
до обѣ'да. Не прибѣга'йте ни къ каки'мъ объяс-
не'ніямъ. — они' не бу'дутъ при'няты во внима'-
ніе и я на Васъ серьёзно разсержу'сь, какъ бы'-
ло уже одна'жды съ Ва'ми. Ва'ша дру'жба намъ
даётъ пра'во жела'ть Ва'шего визи'та.

Жела'ю Вамъ успѣ'ха въ Ва'шихъ заня'тіяхъ,
Привѣ'тъ отъ насъ двои'хъ — ма'мы и меня'.

*Мати'льда Валенку'ръ.*

# 70. Refus d'un père de famille à un jeune homme de fréquenter sa famille.

Ми́лостивый Госуда́рь,

Никола́й Алексѣ́евичъ!

Съ огорче́ніемъ, но бу́дучи вы́нужденъ къ э́тому, я позволя́ю себѣ́ проси́ть Васъ прекра́тить посѣще́ніе моего́ до́ма.

Я не позволя́ю себѣ́ осужда́ть Ва́шего поведе́нія внѣ на́шего до́ма, но не могу́ не сказа́ть, что мане́ра, съ кото́рой Вы де́ржитесь у насъ, не нра́вится ни мнѣ, ни моему́ семе́йству. Э́того уже́ доста́точно для оправда́нія мое́й про́сьбы.

Вы согласи́тесь, что, имѣ́я дочере́й, я до́лженъ осо́бенно ревни́во оберега́ть репута́цію мое́й семьи́.

Ни въ каки́л дальнѣ́йшія объясне́нія я входи́ть не намѣ́ренъ и надѣ́юсь, что настоя́щее письмо́ поло́житъ коне́цъ на́шему знако́мству.

Съ соверше́ннымъ почте́ніемъ *Н. Гу́севъ*.

---

# 71. Demande de conseils pour la préparation d'un potage russe.

Дорога́я Аграфе́на Петро́вна!

Я ѣ́ла у Васъ тако́й вку́сный супъ, какъ Вы называ́ете его́, борщъ, и была́ такъ разсѣ́яна, что забы́ла спроси́ть, какъ онъ приготовля́ется. Я хотѣ́ла бы имѣ́ть борщъ у себя́ и научи́ть гото́вить свою́ куха́рку — францу́женку. Я зна́ю, что онъ приготовля́ется на мясно́мъ бульо́нѣ, какъ у Васъ гото́вятся всѣ супы́; изъ овоще́й въ него́ вхо́дятъ: тома́тъ, бура́къ, карто́фель, но я не зна́ю, въ како́й пропо́рціи всё э́то кладётся и въ како'мъ поря'дкѣ: ино'е вре'мя ну'жно для ва'рки мя'са, ино'е для овоще'й, и о'вощи нельзя' положи'ть одновре'менно, — одни' ува'риваются скорѣ'е, другі'я ме'дленнѣй. Кро'мѣ того', Вы ещё что-то въ него' кладёте — какъ я слы'шала, говоря'тъ, «затира'ете» борщъ. Сло'вомъ, э'то сло'жный реце'птъ и я не зна'ю ещё, уда'стся ли у меня' борщъ на пе'рвыхъ пора'хъ. Вся надѣ'жда на то, что Вы хорошо' мнѣ растолку'ете и посвяти'те во всѣ дета'ли э'того кулина'рнаго приготовле'нія.

Вы вѣдь така'я мастери'ца!

Ита'къ, не полѣни'тесь и напиши'те мнѣ подро'бно. Жела'ю Вамъ всего' лу'чшаго. Привѣ'тъ Ону'фрію Еремѣ'евичу.

Ва'ша *Анжели'ка Доренава'нгъ.*

---

## 72. Une institutrice adresse un rapport à une mère sur les succès de ses enfants.

Гражда'нка и Това'рищъ<br>
А'нна Па'вловна!

Вы спра'шивете, каковы' успѣ'хи Ва'шихъ дѣте'й? Къ сожалѣ'нію моему' пора'довать Васъ успѣ'хами Ва'шихъ дѣте'й не могу'. Ка'жется, я не могу' себя' упрекну'ть ни въ недоста'ткахъ моего' ме'тода, кото'рый Вы са'ми одо'брили, ни тѣмъ не ме'нѣе въ недоста'ткѣ эне'ргіи. Я дѣ'лаю всё что могу', и ме'жду тѣмъ успѣ'ховъ не ви'жу. Съ друго'й стороны', я не могу' отрица'ть и нѣ'которыхъ спосо'бностей у Ва'шихъ дѣте'й, но недоста'токъ внима'нія и отсу'тствіе прилежа'нія съ ихъ стороны', дѣ'лаютъ заня'тія съ ни'ми почти' безпло'дными.

Одна' наде'жда, что пребыва'ніе на да'чѣ и свѣ'жій во'здухъ укрѣпя'тъ ихъ здоро'вье и, мо'жетъ быть, сдѣ'лаютъ ихъ бо'лѣе энерги'чными. Ва'ши дѣ'ти не мо'гутъ похвали'ться здоро'вьемъ — въ э'томъ, мо'жетъ быть, и кро'ется причи'на недоста'тка въ нихъ эне'ргіи. Въ укрѣпле'ніи ихъ здоро'вья и подня'тіи эне'ргіи,—моя' наде'жда. Пока' они' не окрѣ'пнутъ, я не бу'ду ихъ да'же принужда'ть къ заня'тію, а по'слѣ, мѣ'сяца че'резъ два, мо'жетъ быть, я смогу' дать Вамъ лу'чшія извѣ'стія объ успѣ'хахъ дѣте'й.

Пока' же, въ наде'ждѣ на э'то, прошу' Васъ приня'ть мои' и'скреннія пожела'нія Вамъ всего' лу'чшаго.

*Кла'ра Бондъ.*

---

# 73. Remerciements d'une mère adressés à une institutrice au sujet des succés de ses enfants.

### Гражда'нка Алекса'ндра Васи'льевна!

Въ ближа'йшее воскресе'нье я прiѣ'ду взять свои'хъ дѣте'й на рудни'къ, гдѣ они' проведу'тъ часть лѣ'та, а другу'ю часть вѣроя'тно гдѣ-ни-бу'дь на да'чѣ.

Пре'жде чѣмъ уви'дѣться съ Ва'ми, я счита'ю прiя'тнымъ до'лгомъ поблагодари'ть Васъ за всё хоро'шее, что Вы сдѣ'лали для мои'хъ дѣте'й. Въ ка'ждый ихъ прiѣ'здъ на рудни'къ я ви'дѣла, что они' прiобрѣта'ли и основа'тельно усва'ивали но'выя зна'нія. Такі'я успѣ'хи я еди'нственно отношу' къ Ва'шему умѣ'нію преподава'ть и къ серде'чному отноше'нію къ интере'самъ мои'хъ дѣте'й. Меня' ещё поража'ла та охо'та, съ кото'-рой дѣ'ти, по'слѣ проведённаго на рудникѣ' пра'зд-ника ѣ'хали вся'кій разъ ва го'родъ. Така'я привя'занность дѣте'й къ Вамъ и любо'вь ихъ къ заня'тіямъ положи'тельно меня' тро'гаютъ.

Вотъ почему', я поѣ'ду сама' за дѣтьми', что'бы пожа'ть Вамъ руку' и ли'чно горячо' поблагодари'ть Васъ за зна'нія, кото'рыя Вы имъ да'ли и за любо'вь къ труду', кото'рый внуши'ли.

Всегда' Вамъ благода'рная

*Жа'нна Годэ'.*

---

# 74. Correspondance entre jeunes filles.

LETTRE.

### Дорога'я Мару'ся ! *)

Па'пу перевели' на слу'жбу въ Москву' и мы оста'вили Оде'ссу, — э'тотъ краси'вый ю'жный го'родъ.

Москва' совсѣ'мъ не похо'жа на Оде'ссу. Тогда' какъ Оде'сса похо'дитъ на мно'го други'хъ европе'йскихъ городо'въ, Москва', э'то типи'чный ру'сскій го'родъ и, прито'мъ, стари'нный. Нѣтъ пра'вильнаго расположе'нія у'лицъ; есть у'лицы у'зкія и кривы'я. Ря'домъ съ больши'ми хоро'шими постро'йками встрѣча'ются ни'зкія и ста'рыя. На у'лицахъ мно'го прохо'жихъ въ ру'сской дереве'нской оде'ждѣ. Своеобра'зные изво'зчики, ру'сская у'пряжь «тро'йкою», съ дуго'й и бубе'нчиками. Когда' пройдёшь кремль, обойдёшь его' стари'нныя стѣ'ны съ своеобра'зными ба'шнями, распи'санными воро'тами, когда посѣти'шь его' дво'рцы' съ у'зкими и тёмными прохо'дами, у'зкими лѣ'стницами, ко'мнаты съ небольши'ми о'кнами, задѣ'ланными рѣшётками — ка'жется, что ты погрузи'лась въ вре'мя, далёкое отъ на'шего.

Знако'мыхъ у насъ пока' ма'ло; большинство' ихъ изъ на'шей францу'зской коло'ніи, ру'сскихъ

---

*) Nom dominutif de Мари'я — Marie.

совсѣ'мъ ма'ло. Но и съ э'тими немно'гими знако'-
мыми встрѣча'юсь рѣ'дко. Здѣсь, какъ вообще' въ
большо'мъ го'родѣ, ка'ждый за'нятъ свои'мъ дѣ'-
ломъ, а въ осо'бенности е'сли э'ти лю'ди, какъ на'ши
соотечественники, при'были не для развлече'нія,
а то'лько для дѣ'ла. Ме'жду ни'ми есть  ви'димо
и интере'сные, но всѣ они' за'няты, поглощены'
свои'мъ дѣ'ломъ и не располо'жены по'пусту тра'-
тить вре'мени.

Я сама' серьёзно ду'маю поступи'ть на каку'ю ни-
бу'дь слу'жбу. Мнѣ уже предлага'ли мѣ'сто продав-
щи'цы въ большо'мъ магази'нѣ Мю'ра и Мюрили'за.
Э'то магази'нъ на подо'біе на'шихъ пари'жскихъ
магази'новъ: Бонъ-Марше', Прэ'нтанъ и др., но
значи'тельно ме'ньше. Но продавщи'цей я никог-
да не была' и какъ-то не имѣ'ю къ э'тому ро'ду
заня'тія охо'ты. Я предпочита'ю имѣ'ть мѣ'сто въ
ба'нкѣ и'ли въ како'й нибу'дь большо'й конто'рѣ
и имѣ'ю наде'жду, ра'но и'ли по'здно, получи'ть
тако'е мѣ'сто.

Пиши' какъ ты  проводи'шь вре'мя. Крѣ'пко
тебя' цѣлу'ю и жела'ю всего' хоро'шаго.

Твоя' Са'ша*).

---

# 75. Autre lettre de ce genre.

RÉPONSE.

### Дорога'я Са'ша!

Я тебѣ' о'чень и о'чень зави'дую. Ты жила' въ
тако'мъ краси'вомъ го'родѣ, какъ Оде'сса, тепе'рь
живёшь въ Москвѣ', въ бо'йкомъ го'родѣ, гдѣ
есть что посмотрѣ'ть и чѣмъ заня'ться. Я же про-
вожу' свои' дни на рудникѣ', никого' не ви'дя
кро'мѣ нѣ'сколькихъ соверше'нно неинтере'сныхъ

---

*) Nom diminutif d'Alexandre ou Алекса'ндра et
Алекса'ндръ.

служащихъ и рабо́чихъ. Весь э́тотъ людъ погло-
щёнъ свои́мъ дѣ́ломъ и за́нятъ свои́ми ограни́-
ченными интере́сами. Всѣ ра́но встаю́тъ, про-
во́дятъ цѣ́лый день въ рабо́тѣ и ра́но ложа́тся.
Я бы хотѣ́ла чѣмъ-нибу́дь заня́ться, но не чѣмъ;
хотѣ́ла бы продолжа́ть уро́ки на скри́пкѣ — нѣтъ
учи́теля. Рабо́тать въ конто́рѣ? — Мнѣ и такъ
надоѣ́ли э́ти разгово́ры о развѣ́дкахъ, ша́хтахъ
и т. п. Мнѣ да́же не́чего чита́ть. Я перечита́ла
тѣ немно́гія кни́ги, кото́рыя бы́ли у меня́ и
кото́рыя доста́ла у слу́жащихъ. Въ библіоте́кѣ
при на́шемъ клу́бѣ нѣтъ други́хъ книгъ кро́мѣ
спеціа́льныхъ. Газе́тъ немно́го и получа́ются
онѣ́ съ опозда́ніемъ. Да одни́ми же газе́тами
нельзя́ удовлетвори́ться.

Я ѣ́зжу съ ма́мой въ го́родъ, кото́рый отъ
насъ дово́льно далеко́. Поѣ́здки немно́го разно-
обра́зятъ вре́мя, но онѣ́ не ча́сты и, во вся́-
комъ слу́чаѣ, не мо́гутъ замѣни́ть жи́зни въ
го́родѣ.

Мо́жно бы нѣ́сколько улу́чшить жизнь: заве-
сти́ знако́мства съ сосѣ́дями-ру́сскими, пріоб-
рѣсти́ знако́мыхъ въ го́родѣ, но ты вѣдь зна́-
ешь мою́ ма́му: она́ така́я домосѣ́дка и така́я
ине́ртная!

Какъ ви́дишь моё существова́ніе нельзя́ на-
зва́ть да́же жи́знью, э́то не жизнь, а како́е-то
прозяба́ніе. Я о́чень и о́чень тебѣ́ зави́дую.

Пиши́ мнѣ поча́ще. Бу́ду мы́сленно перено-
си́ться въ Москву́ и мы́сленно жить твое́ю
жи́знью.

Крѣ́пко тебя́ цѣлу́ю. Жела́ю успѣ́ховъ.

Привѣ́тъ па́пѣ и ма́мѣ.

Твоя́ Лёля*).

---

*) Diminutif d'Еле́на ou Hélène.

## 76. Explications d'un ingénieur adressées à son chef.

Ми́лостивый Госуда́рь<br>
Алексѣ́й Петро́вичъ!

На ско́лько я усво́илъ изъ Ва́шего ко мнѣ обраще́нія, Вы мнѣ ста́вите въ вину́ слѣ́дующіе пу́нкты:

1) что я сли́шкомъ слабъ въ обраще́ніи съ рабо́чими и э́тимъ, ме́жду други́ми послѣ́дствіями, ната́лкиваю ихъ на но́выя и но́выя тре́бованія;

2) что бу́дто бы по мое́й винѣ́ потёкъ котёлъ въ ша́хтѣ № 2 и 3) что я ча́сто по́льзуюсь конто́рскими лошадьми́ для свои́хъ ли́чныхъ поѣ́здокъ.

Съ Ва́шими обвине́ніями я ника́къ не могу́ согласи́ться:

Съ рабо́чими я обраща́юсь такъ, какъ ну́жно обраща́ться съ людьми́ съ то́чки зрѣ́нія интере́совъ конто́ры: я никаки́ми агита́ціями ме́жду рабо́чими не занима́лся, и не побужда́лъ ихъ чего́ нибу́дь тре́бовать, напро́тивъ, е́сли дѣ́ло дошло́ до объясне́нія, могу́ сказа́ть, что я нѣ́сколько разъ предотвраща́лъ забасто́вки, кото́рыя могли́ бы повле́чь непрія́тныя для Васъ и для О́бщества послѣ́дствія.

Потёкшій котёлъ находи́лся не подъ мои́мъ присмо́тромъ, а подъ присмо́тромъ меха́ника. Пойду́ да́льше и скажу́, что не я выбьра́лъ и покупа́лъ котёлъ, а Вы. Е́сли бы поку́пка котла́ была́ пору́чена мнѣ, я вѣроя́тно останови́лся бы на бо́лѣе про́чномъ.

Па́ра лошаде́й на кото́рыхъ я ѣ́зжу, дана́въ моё по́лное распоряже́ніе и я и́ми по́льзуюсь какъ въ часы́ заня́тій, такъ и внѣ, какъ э́то при́нято на рудника́хъ, безъ уще́рба для дѣ́ла.

Я не счита́ю ну́жнымъ остана́вливаться на други́хъ ме́лкихъ замѣча́ніяхъ и перейду́ пря́-

мо къ тому', что скажу', что не ви'жу въ Ва'-
шихъ обви'неніяхъ друго'го, какъ жела'нія ви'-
дѣть меня' оста'вившимъ слу'жбу. Но я Васъ
предупрежда'ю, что одного' Ва'шего жела'нія
недоста'точно, чтобы' побуди'ть меня' оста'вить
слу'жбу.

Прійми'те увѣре'ніе въ совершенномъ къ Вамъ
почте'ніи

*Арту'ръ Ланкръ.*

---

## 77. Un directeur adresse des réprimandes à l'un de ses subordonnés.

Ми'лостивый Госуда'рь<br>Ариста'рхъ Ива'новичъ.

Проѣзжа'я сего'дня на вокза'лъ я имѣ'лъ слу'-
чай побыва'ть у Васъ на ша'хтахъ № № 1 и 3 и
ви'дѣть на скла'дѣ, на вокза'лѣ, нашъ ма'рганецъ.

Всё, что я ви'дѣлъ, о'чень мнѣ не понра'ви-
лось. Рабо'та у Васъ на ша'хтахъ идётъ о'чень
ме'дленно; насо'сы ча'сто остана'вливаются, что
заставля'етъ пріостана'вливать рабо'ту; да и ра-
бо'чихъ нѣтъ по'лнаго компле'кта. Ви'дѣлъ о'ко-
ло ша'хты лѣсъ для подкрѣпле'нія и нахожу' его'
соверше'нно него'днымъ. Какъ Вы могли' при-
ня'ть тако'й лѣсъ? Меня' э'то удивля'етъ. Е'сли
и предыду'щая поста'вка была' не лу'чше, не
удиви'тельно, что у Васъ ча'сто быва'ли обва'-
лы. Что э'то зна'читъ?

Ма'рганецъ, кото'рый я ви'дѣлъ на скла'дѣ, не-
доста'точно очи'щенъ; онъ бу'детъ содержа'ть
бо'льше фо'сфора и кремнозёма, чѣмъ мы гаран-
ти'ровали. Вдвойнѣ' доса'дно, что ма'рганецъ
назнача'ется для Х-го заво'да и для пе'рвой на'-
шей поста'вки.

Объ ука'занныхъ серьёзныхъ безпоря'дкахъ въ Ва'шемъ вѣ'деніи я переговорю' съ Ва'ми по возвраще'ніи.

Въ го'родѣ я бу'ду ви'дѣться съ представи'телями заво'да. Телеграфи'руйте мнѣ въ гости'ницу «Фра'нція», когда' и ско'лько ваго'новъ бу'детъ отпра'влено.

Съ соверше'ннымъ почте'ніемъ

Л. Стэ'нлеръ.

---

# 78. Un directeur donne à l'un de ses subordonnés un mandat de lui trouver une maison.

Ми'лостивый Госуда'рь<br>Францъ Вике'нтьевичъ.

По'льзуясь слу'чаемъ, что Вы пробу'дете ещё нѣ'сколько дней въ Ха'рьковѣ, я прошу' Васъ присмотрѣ'ть домъ для на'шего О'бщества. Я то'лько что получи'лъ письмо' Правле'нія, поруча'ющее мнѣ купи'ть домъ.

Какъ во'дится въ подо'бныхъ слу'чаяхъ, Вамъ придётся, пре'жде чѣмъ вы'ступить самому', обрати'ться къ посре'дничеству о'пытнаго ма'клера ина'че Вы риску'ете взвинти'ть со'бственниковъ и подня'ть цѣ'ны.

Домъ до'лженъ быть въ центра'льной ча'сти го'рода въ райо'нѣ торго'выхъ помѣще'ній и ба'нковъ, не ме'нѣе чѣмъ въ два эта'жа, длино'ю по у'лицѣ 30-40 саж., сухо'й и свѣ'тлый, съ доста'точной пло'щадью двора'; въ остально'мъ Вы мо'жете са'ми оріенти'роваться, такъ какъ зна'ете, каки'мъ усло'віямъ должно' удовлетворя'ть помѣще'ніе, кото'рое ну'жно для О'бщества.

Когда' дома' бу'дутъ намѣ'чены, Вы ихъ осмо'трите и вступи'те въ предвари'тельные перегово'ры съ со'бственниками.

Довѣри'тельное письмо' кото'рое я Вамъ посыла'ю, не даётъ пра'ва на заключе'ніе сдѣ'лки; я его' не засвидѣ'тельствовалъ да'же у нота'ріуса. Э'то, такъ сказа'ть, Вашъ видъ для со'бственника, е'сли пона'добится удостовѣ'рить, что Вы дѣйстви'тельно явля'етесь представи'телемъ О'бщества.

О хо'дѣ перегово'ровъ пиши'те, и е'сли ну'жно то и телеграфи'руйте.

---

## 79. Procuration.

На основа'ніи вы'данной мнѣ Правле'ніемъ Х Акціоне'рнаго О'бщества довѣ'ренности, съ пра'вомъ передовѣ'рія, уполнома'чиваю инжене'ра Фра'нца Вике'нтьевича Плэна' подыска'ть, для поку'пки домъ для на'званнаго О'бщества. Вступи'ть въ предвари'тельные перегово'ры съ со'бственникомъ; трактова'ть усло'вія о цѣнѣ' и дру'гія; обя'зывать со'бственника, опсіо'номъ съ неусто'йкой и'ли безъ о'ной, на срокъ по усмотрѣ'нію г. Плэна'. Сло'вомъ, дѣ'лать всё предвари'тельное для заключе'нія сдѣ'лки, но безъ пра'ва обя'зывать чѣмъ ли'бо О'бщество.

5 сентября' 19... г. Рудни'къ Нико'лова.

По довѣ'ренности Х-скаго Акціоне'рнаго О'бщества Инжене'ръ *А. Васи'льевъ.*

---

## 80. Lettre d'un directeur à un autre au sujet de formation d'un Syndicat.

Граждани'нъ Степа'нъ Заха'ровичъ.

Я получи'лъ то'лько что письмо' на'шего О'бщества, въ кото'ромъ оно' мнѣ поруча'етъ вести' перегово'ры на предме'тъ образова'нія синдика'та изъ владѣ'льцевъ рудни ко'въ на'шего райо'на.

Пре'жде чѣмъ перейти' въ пері'одъ, такъ сказа'ть, оффиціа'льной постано'вки дѣ'ла, я хотѣ'лъ бы'ло поговори'ть съ Ва'ми, такъ сказа'ть, ча'стно: обсуди'ть усло'вія созда'нія синдика'та и усло'виться, какъ нача'ть перегово'ры. Къ э'тому на'шему совѣща'нію я хочу' привле'чь Па'вла Петро'вича, какъ представи'теля одного' изъ са'мыхъ значи'тельныхъ о'бществъ.

Не откла'дывая дѣ'ла, какъ э'того жела'етъ на'ше О'бщество, я проси'лъ бы Васъ назна'чить мѣ'сто и вре'мя на'шего свида'нія. Предлага'ю на Ва'ше усмотрѣ'ніе назна'чить мѣ'стомъ свида'нія Ва'шу конто'ру; я прiѣ'ду съ Па'вломъ Петро'вичемъ въ усло'вленное вре'мя. Вре'менемъ жела'тельно избра'ть воскресе'нье и'ли среди' недѣ'ли часы' внѣ очередны'хъ заня'тій.

Е'сли Вы бу'дете любе'зны избра'ть мѣ'стомъ свида'нія мою' конто'ру — я бу'ду Васъ ожида'ть и проси'лъ бы Васъ поза'втракать и отобѣ'дать у меня'.

Привѣ'тъ и пожела'ніе всего' лу'чшаго Татья'нѣ Григо'рьевнѣ.

Съ соверше'ннымъ уваже'ніемъ

Вашъ *И'горь Замыслова'товъ.*

---

# 81. Proposition faite pour un cercle d'amateurs désirant organiser des spectacles.

Многоуважа'емый
Сигизму'ндъ Анто'новичъ.

Я и моя' семья' хоти'мъ Васъ привле'чь къ одному' прое'кту, ничего' о'бщаго не имѣ'ющему съ на'шими дѣла'ми и обя'занностями.

Кро'мѣ на'шихъ дѣлъ ну'жно поду'мать устро'ить на'шу жизнь бо'лѣе культу'рно, освѣжа'ть часы́ на́шего досу́га и не забыва́ть ро́ли иску́ства въ жи́зни челове́ка. Хорошо́ ещё, что вре́мя у насъ за́нято и досу́говъ ма́ло, но ну́жно поду́мать о на́шихъ се́мьяхъ, кото́рыя во́лею-нево́лею должны́ раздѣля́ть на́шу сли́шкомъ однообра́зную жизнь.

Мы дума́емъ образова́ть кружо́къ, кото́рый далъ бы рядъ спекта́клей въ теа́трѣ при Х-мъ обще́ственномъ собра́нiи. Я уже́ говори́лъ со старши́нами собра́нiя и, какъ слѣ́довало ожида́ть, они́ не то́лько ничего́ не имѣ́ютъ про́тивъ э́того, но отно́сятся вполнѣ́ сочу́вственно и обѣща́ютъ спосо́бствовать на́шему начина́нiю, въ чёмъ отъ нихъ зави́ситъ. Тамъ же въ теа́трѣ мо́гутъ устра́иваться и репети́цiи.

Мы не задаёмся больши́ми пла́нами. Кружо́къ не бу́детъ имѣ́ть цѣ́ли дава́ть спекта́кли цѣ́лый сезо́нъ. Послѣ́днее мо́жетъ быть дѣ́ломъ бу́дущаго. Доста́точно, е́сли онъ даст спекта́кли во вре́мя предстоя́щихъ рожде́ственскихъ пра́здниковъ и впослѣ́дствiи, въ дни, когда́ э́то не бу́летъ вреди́ть тѣмъ изъ уча́стниковъ, кото́рые свя́заны слу́жбою.

Что́бы удовлетвори́ть вку́самъ (скажу́ нацiона́льному чу́вству) уча́ствующихъ и зри́телей, жела́тельно ста́вить пье́сы на францу́зскомъ, ру́сскомъ и по́льскомъ языка́хъ. Въ ка́чествѣ дивертисме́нта мо́жно исполня́ть деклама́цiи, музыка́льные и вока́льные номера́.

У Васъ, Сигизму́ндъ Анто́новичъ, мно́го слу́жащихъ, кото́рые могли́ бы съ по́льзою приня́ть уча́стiе въ э́томъ начина́нiи, но э́то зави́ситъ отъ Ва́шего взгля́да на э́тотъ предме́тъ. Спроси́те Жозефи́ну Алекса́ндровну, я её та́кже прошу́ откли́кнуться на на́ше предложе́нiе.

Е́сли Вы отнесётесь къ э́тому предме́ту сочу́вствено, до́чери мои́ прiѣ́дутъ переговори́ть объ организа́цiи кружка́ и нача́лѣ спекта́клей.

Съ таки'мъ же предложе'ніемъ я обраща'юсь къ Ива'ну Ива'новичу и почти' не сомнѣва'юсь, что Ива'нъ Ива'новичъ отнесётся къ предложе'нію съ по'лнымъ сочу'вствіемъ.

Вашъ *Константи'нъ Радько'въ.*

---

# 82. Voies de communication en Russie.

Ми'лостивый Госуда'рь
Ива'нъ Ива'новичъ!

Продолжа'ю описа'ніе Россі'и. Предме'томъ настоя'щаго письма' бу'детъ кра'ткій обзо'ръ ея' путе'й сообще'нія. Гла'вное мѣ'сто ме'жду путя'ми сообще'нія для Европе'йской Россі'и представля'ютъ водяны'е пути'. Россі'я сли'шкомъ общи'рна; её невозмо'жно въ настоя'щее вре'мя покры'ть густо'ю сѣ'тью желѣ'зныхъ доро'гъ; къ тому' же гла'вное бога'тство ея' заключа'ется въ сыры'хъ матеріа'лахъ: хлѣ'бѣ, лѣ'сѣ, льнѣ, пенькѣ', ше'рсти, со'ли и пр., а ихъ перевози'тъ возмо'жно то'лько тогда', когда' сто'имость перево'зки не бу'детъ сли'шкомъ увели'чивать цѣ'ны.

Европе'йская Россі'я съ трёхъ сторо'нъ окружена' моря'ми: — съ сѣ'вера Сѣ'вернымъ Ледови'тымъ океа'номъ и Бѣ'лымъ мо'ремъ, съ за'пада—Балті'йскимъ мо'ремъ и съ ю'га—Чёрнымъ, Азо'вскимъ и Каспі'йскимъ моря'ми. Таки'мъ о'бразомъ всѣ ея' ча'сти, за исключе'ніемъ восто'чной, мо'гутъ по'льзоваться морски'ми водяны'ми путя'ми. Хотя' моря', прилега'ющія къ Европе'йской Россі'и имѣ'ютъ больші'я недоста'тки, тѣмъ не ме'нѣе они' ва'жны для разви'тія ея' торго'вли. Недоста'тки море'й Европе'йской Россі'и слѣ'дующіе: во-пе'рвыхъ, длина' морски'хъ ея' грани'цъ не соотвѣ'тствуетъ тому' грома'дному простра'нству, кото'рое она' занима'етъ; во-вторы'хъ, Россі'я не мо'жетъ по'льзоваться больши'мъ простра́нством Сѣ́вернаго Ледови́таго океа́на по его́ недосту́пности; въ-тре́тьихъ, моря́ ма́ло вдаю́тся въ матери́къ; зате́мъ всѣ они́ зимо́ю бо́лѣе и́ли ме́нѣе замерза́ютъ. Кро́мѣ того́, Балті́йское и Чёрное моря́ соединя́ются съ други́ми моря́ми у́зкими проли́вами, кото́рые нахо́дятся во владѣ́нiи други́хъ госуда́рствъ, а Каспі́йское мо́ре совсѣ́мъ не имѣ́етъ вы́хода.

Несмотря́ на всѣ э́ти недоста́тки, моря́, прилега́ющiя къ Европе́йской Россі́и, всё таки́ чрезвыча́йно ва́жны. Пе́рвое мѣ́сто занима́етъ Балті́йское мо́ре. Э́то ближа́йшiй морско́й путь въ госуда́рства Евро́пы и Аме́рику. Второ́е мѣ́сто занима́етъ Чёрное мо́ре; оно́ представля́етъ ближа́йшiй путь на Кавка́зъ и ю́жную часть Евро́пы. Каспі́йское мо́ре слу́житъ морски́мъ путёмъ на Кавка́зъ, Пе́рсію и Сре́днюю А́зію. Бѣ́лое мо́ре о́чень ва́жно для торго́вли Сѣ́вернаго кра́я Европе́йской Россі́и.

Для Сиби́ри. Пла́ванiе по Ледови́тому океа́ну у берего́въ Сиби́ри бы́ло соверше́нно невозмо́жно, а тепе́рь нашли́ спо́собы имъ по́льзоваться; поэ́тому въ Азiа́тской Россі́и бо́лѣе удо́бными морски́ми путя́ми мо́гутъ служи́ть то́лько моря́ Вели́каго океа́на и Каспі́йское мо́ре *).

Рѣ́ки Европе́йской Россі́и, какъ пути́ сообще́нiя, имѣ́ютъ и удо́бства и недоста́тки. Удо́бство рѣкъ заключа́ется въ слѣ́дующемъ: 1) почти́ всѣ гла́вныя рѣ́ки начина́ются въ ея́ середи́нѣ и направля́ются къ моря́мъ въ ра́зныя сто́роны; 2) рѣ́ки э́ти сближа́ются свои́ми верхо́вьями, отчего́ возмо́жно бы́ло ихъ соедини́ть кана́лами, и 3) всѣ рѣ́ки отлича́ются ме́дленнымъ тече́нiемъ. Гла́вные недоста́тки рѣкъ Европе́йской Россі́и заключа́ются въ слѣ́дующемъ:

---

*) Voir № 132 de la première partie.

1) всѣ рѣ́ки въ зи́мнее вре́мя на́долго покрыва́ются льдомъ и 2) бо́льшая часть рѣкъ въ лѣ́тнее вре́мя мелѣ́етъ и стано́вится неудо́бною для пра́вильнаго судохо́дства. Тѣмъ не ме́нѣе рѣ́ки Европе́йской Росси́и крайне ва́жны въ дѣ́лѣ передвиже́нія това́ровъ. Пе́рвое мѣ́сто въ э́томъ отноше́ніи занима́етъ Во́лга.

Рѣ́ки Кавка́за и бо́льшая часть рѣкъ Сиби́ри и Сре́дне-Азіа́тскихъ владѣ́ній неудо́бны для пла́ванія.

*Желѣ́зныя доро́ги.* Гла́внымъ це́нтромъ желѣ́зныхъ доро́гъ Европе́йской Росси́и слу́житъ *Москва́*; отъ нея́ иду́тъ желѣ́зные пути́ во всѣ сто́роны и соединя́ютъ её съ окра́инами Европе́йской Росси́и; э́тихъ желѣ́зныхъ доро́гъ, иду́щихъ отъ Москвы́, — 10. Вторы́мъ це́нтромъ желѣ́зныхъ доро́гъ слу́житъ *Петрогра́дъ*; отъ него́ иду́тъ желѣ́зныя доро́ги въ Варша́ву, Финля́ндію, въ Ре́вель, Вя́тку, Ви́тебскъ. Тре́тьимъ це́нтромъ желѣ́зныхъ доро́гъ слу́житъ *Варша́ва*.

Наконе́цъ прове́дены желѣ́зныя доро́ги на Кавка́зъ, въ Сре́дне-Азіа́тскихъ владѣ́ніяхъ и въ Сиби́ри. Изъ э́тихъ путе́й замѣча́тельна грома́дная Сиби́рская желѣ́зная доро́га, перерѣ́зывающая всю Сиби́рь отъ за́пада къ восто́ку. Э́та желѣ́зная доро́га игра́етъ огро́мную роль въ жи́зни не то́лько Сиби́ри, но и Европе́йской Росси́и. Она́ соединя́етъ послѣ́днюю съ Кита́емъ, Япо́ніей и други́ми стра́нами Вели́каго и Ти́хаго океа́новъ.

Зака́нчиваю письмо́ обѣща́ніемъ продолжа́ть въ слѣ́дующій разъ. А пока́ же позво́льте Васъ оста́вить и пожела́ть Вамъ всѣхъ бла́гъ.

Вашъ другъ К. Беренцо́въ.

# 83. Industrie à domicile en Russie.

Граждани́нъ Премье́!

Вы про́сите объясни́ть, какъ образова́лась въ Росси́и куста́рная промы́шленность и какъ широки́ ея разме́ры.

Куста́рная промы́шленность возни́кла изъ се́льскихъ ремёселъ. Первонача́льно изготовле́ніемъ о́буви, оде́жды, дома́шней у́твари и просты́хъ се́льско-хозя́йственныхъ ору́дій и занима́лись чле́ны ка́ждой крестья́нской семьи́, но постепе́нно заня́тія э́ти обосо́бились въ ремёсла и привели́ къ образова́нію се́льскихъ реме́сленниковъ, какъ-то: кузнецо́въ, сапо́жниковъ, портны́хъ, бондаре́й и пр., кото́рые въ свобо́дное вре́мя ста́ли исполня́ть зака́зы свои́хъ односельча́нъ и жи́телей сосе́днихъ дереве́нь. Осо́бенное разви́тіе ремёсла получи́ли въ се́верныхъ губе́рніяхъ, гдѣ земледѣ́льческій трудъ, не дава́лъ населе́нію доста́точныхъ средствъ къ жи́зни.

Недоста́точное коли́чество мѣ́стныхъ зака́зчиковъ заста́вило реме́сленниковъ изготовля́ть това́ры на прода́жу, и таки́мъ о́бразомъ соверши́лся перехо́дъ къ куста́рничеству, кото́рое отлича́ется отъ ремесла́ и́менно тѣмъ, что куста́рь рабо́таетъ на неизвѣ́стнаго потреби́теля, на ры́нокъ, а реме́сленникъ — на опредѣлённаго зака́зчика. Зате́мъ куста́рные про́мыслы претерпѣ́ли весьма́ суще́ственныя измѣне́нія: такъ, бу́дучи снача́ла подсо́бнымъ про́мысломъ при земледѣ́ліи, куста́рная промы́шленность во мно́гихъ мѣ́стностяхъ сдѣ́лалась гла́внымъ заня́тіемъ крестья́нства, причёмъ поми́мо труда́ чле́новъ семьи́, куста́рные про́мыслы ста́ли вести́сь наёмными рабо́чими.

Тру́дность, и́ли иногда́ по́лная невозмо́жность для кустаре′й организова′ть широ′кій сбытъ това′ровъ привела′ къ появле′нію ску′пщиковъ, въ ро′ли кото′рыхъ вы′ступили ча′стью наибо′лѣе зажи′точные изъ кустаре′й, ча′стью торго′вцы и′ли сосѣ′дніе фабрика′нты. Постепе′нно ску′пщики ста′ли доставля′ть имъ сыры′е матеріа′лы и ору′дія произво′дства, а та′кже устана′вливать ка′чество и коли′чество изготовля′емаго това′ра. Ску′пщики таки′мъ о′бразомъ преврати′лись въ организа′торовъ куста′рной промы′шленности, а большинство′ кустаре′й потеря′ло при э′томъ свою′ самостоя′тельность и преврати′лось въ наёмныхъ рабо′чихъ, рабо′тающихъ у себя′ на дому′ на предпринима′теля.

О′бщее число′ кустаре′й въ Россі′и съ то′чностью не устано′влено; его′ опредѣля′ютъ, приблизи′тельно, отъ 5 до 8 милліо′новъ душъ.

Дѣ′ятельность кустаре′й охва′тываетъ са′мыя разнообра′зныя произво′дства. Наибо′лѣе распространённое изъ нихъ — э′то обрабо′тка де′рева, т. е. изготовле′нія колёсъ, телѣ′гъ, сане′й, бо′чекъ, вёдеръ и други′хъ предме′товъ крестья′нскаго обихо′да. Затѣ′мъ слѣ′дуетъ произво′дство ме′бели, плетённыхъ издѣ′лій, деревя′нной посу′ды и смолокуре′ніе.

Изъ куста′рныхъ произво′дствъ по обрабо′ткѣ волокни′стыхъ веще′ствъ наибо′лѣе стари′ннымъ и распространённымъ явля′ется произво′дство издѣ′лій изъ льна и пеньки′.

Гла′вными це′нтрами слу′жатъ Яросла′вская и Костромска′я губе′рніи. Затѣ′мъ слѣ′дуетъ куста′рное хлопча′то-бума′жное произво′дство въ Моско′вской и Влади′мірской губе′рніи.

Куста′рные про′мыслы по обрабо′ткѣ ко′жи проявля′ется въ ея′ дубле′ніи сапо′жномъ и перча′точномъ про′мыслахъ.

Изъ куста́рныхъ про́мысловъ по обрабо́ткѣ мета́лловъ наибо́лѣе распространено́ кузне́чное ремесло́ и гла́внымъ о́бразомъ вы́ковка гвозде́й. Ножёвое и замо́чное произво́дство осо́бенно ра́звито въ Нижегоро́дской губе́рніи. Въ Ту́льской, Моско́вской и Влади́мірской губ. широко́ ра́звито произво́дство скобяны́хъ това́ровъ, самова́ровъ, подно́совъ подсвѣ́чниковъ.

Вы мо́жете на мѣ́стѣ, въ Пари́жѣ, познако́миться съ нѣ́которыми, пра́вда немногочи́сленными, образца́ми куста́рнаго произво́дства; на одно́й изъ у́лицъ, на како́й — не по́мню, я ви́дѣлъ магази́нъ ме́лкихъ куста́рныхъ издѣ́лій.

Всего́ лу́чшаго.

Вашъ Карсо́новъ.

---

# Annonces dans les journaux.

## Offres et demandes d'emplois et de locations.

**1.** ФРАНЦУ́ЖЕНКА, учи́тельница съ дипло́момъ Пари́жскаго университе́та, и́щетъ уро́ковъ теорети́ческаго и практи́ческаго преподава́нія францу́зскаго языка́. Пересы́льная № 00, кв. 2, отъ 2 до 4 час. Опроси́ть учи́тельницу.

**2.** ФРАНЦУ́ЖЕНКА и́щетъ мѣ́ста бо́нны при дѣ́тяхъ. Соли́дныя рекоменда́ціи. Согла́сна на вы́ѣздъ. Опроси́ть въ реда́кціи подъ № 34.212.

**3.** ФРАНЦУ́ЗЬ, бухга́лтеръ съ многолѣ́тней пра́ктикой во францу́зскихъ комме́рческихъ дома́хъ, и́щетъ соотвѣ́тствующей слу́жбы. Про́ситъ обраща́ться пи́сьменно: Лите́йная № 44, кв. 71, Корну́.

**4.** ФРАНЦУ́ЗСКОЕ СЕМЕ́ЙСТВО и́щетъ ня́ню, стару́шку, ру́сскую, преиму́щественно уроже́нку одно́й изъ великору́сскихъ губе́рній.

Безъ рекоменда'ціи не явля'ться. Обраща'ться: Больша'я Морска'я № 2, кв. 64, къ г. Круе'.

**5.** ФРАНЦУ'ЗЪ, молодо'й челове'къ, конто'рскій слу'жащій, и'щетъ кварти'ру со столо'мъ въ ру'сскомъ семе'йствѣ, гдѣ бы онъ могъ имѣ'ть пра'ктику ру'сскаго языка'.

**6.** ИНТЕЛЛИГЕ'НТНАЯ францу'зская семья' жела'етъ сдать ко'мнату компатріо'ту: молодо'му челове'ку, уча'щемуся и'ли слу'жащему. 5, Лите'йная, кв. № 33.

**7.** ФРАНЦУ'ЗСКАЯ СЕМЬЯ' и'щетъ кварти'ру изъ 5-7 ко'мнатъ вблизи' Лите'йнаго проспе'кта. Парово'е отопле'ніе и горя'чая вода' обяза'тельна. Адресова'ть: Мг Леоне', Ли'говскій бульва'ръ, № 88, кв. 7.

**8.** ФРАНЦУ'ЗЪ, молодо'й челове'къ и'щетъ заня'тій на дому'. Прекра'сно владѣ'етъ ру'сскимъ, англі'йскимъ и францу'зскимъ языка'ми. Адресъ: Мг Ш. Боно', Шу'мская ул., № 00, кв. Сёмкиныхъ. Здѣсь.

**9.** ЖЕЛА'Ю заня'ть свобо'дные послѣобѣ'денные часы'. Владѣ'ю францу'зскимъ, англі'йскимъ и италья'нскимъ языка'ми. Адресова'ться пи'сьменно: Гла'вный почта'мтъ, до востре'бованія А. Б. Т. Здѣсь.

## TROISIÈME PARTIE

# Appendice.

*Ми'лостивый Госуда'рь* и *Ми'лостивая Госуда'рыня* est la forme la plus usitée et admise dans la correspondance de tous genres. Le mot Ми'лостивый signifie — gracieux et Госуда'рь — Sire ; les deux mots ensemble n'ont rien de commun avec le titre impérial et signifient — Monsieur et Madame.

Dans la correspondance commerciale les mots sont suivis d'un point qui est remplacé par un point d'exclamation dans la correspondance mondaine.

*Глубокоуважа'емый*, —мая ou très estimé, —ée —suivi du nom patronymique, c'est-à-dire du prénom et du nom du père du destinataire ou de son nom de famille, sert pour la correspondance intime ou destinée aux personnes de rang supérieur (sauf les magistrats).

*Многоуважа'емый*, —мая ou bien estimé, —ée, est plus souvent employé que *Глубокоуважа'емый*.

*Уважа'емый*, —мая ou estimé, —ée, honorable est aussi souvent employé comme le mot précédent.

On écrit et on s'adresse en disant depuis la Révolution Russe :

Граждани'нъ—Citoyen, Гражда'нка—Citoyenne, Гра'ждане—Citoyens—nes, Гра'жданинъ Ми-

ни́стръ—Citoyen Ministre ou Гражда́нка Петро́-
ва, Граждани́нъ Ива́нъ Се́мёновичъ, etc.

Dans les mêmes cas, mais un peu moins officiel
on emploi : Това́рищъ. — Camarade (fém. et
masc.), Това́рищи — Camarades (fém. et masc.).

*Prénom et nom patronymique*. Il n'est pas admis
dans la correspondance et même dans la conver-
sation entre des connaissances d'ignorer le nom
patronymique. C'est le prénom suivi de celui du
père. On le met dans la correspondance, tandis
que le nom de famille du destinataire s'écrit sur
l'enveloppe ou sur l'entête des lettres.

*Exemples:* Многоуважа́емый Ива́нъ Ива́новичъ
est plus intime que Уважа́емый Господи́нъ Ива-
но́въ, Ми́лостивый Госуда́рь Господи́нъ Ивано́въ
est tout à fait officiel on méprisant.

*Lettres aux institutions d'Etat* (ministères, dé-
partements, tribunaux et autres) sont adressées à
ces institutions mêmes comme si elles constituent
une personnalité.

Ехemp. : Въ Министе́рство Торго́вли. Въ Гу-
бе́рнское Управле́ніе. Въ Уѣ́здный Судъ, etc.

*On termine les lettres* en écrivant :

Съ соверше́ннымъ почте́ніемъ ou съ совер-
ше́ннымъ уваже́ніемъ lorsqu'on les commence
par Ми́лостивый Госуда́рь et Уважа́ющій Васъ
finissent les lettres commencées par Глубокоува-
жа́емый ou Уважа́емый.

Les lettres d'amis se terminent par Вашъ другъ
ou Вашъ suivi du prénom ou du nom de famille
et même entre amis du diminutif du prénom.

Ехemp. : Вашъ Ивано́въ, ou Вашъ Ив. Ивано́въ
et Вашъ Ва́ня (dimunitif d'Ива́нъ).

Вы vous s'écrit dans la correspondance par
politesse par une lettre majuscule même quand
on s'adresse à une seule personne.

Entre amis on écrit *вы* par une minuscule lors-
qu'on s'adresse à plusieurs personnes.

# INDICATIONS GÉNÉRALES

*Nécessité du crédit en Russie.* La Russie n'étant pas un pays riche en capitaux et la plus grande partie de la population si composant de cultivateurs, a besoin du crédit le plus large. C'est en automne, après la moisson et après la vente des céréales, que l'argent numéraire apparaît dans le pays. Il va sans dire que toutes les machines aratoires se vendent à tempérament. C'est ainsi que les allemands faisaient d'énormes affaires en accordant du crédit à longue échéance.

*Кредитъ по откры'тому счёту.* Le crédit qu'on donne au marchand sans lui demander de délivrer des billets à ordre pour la somme qu'il doit pour les marchandises. En raison de l'austérité de la loi russe consernant les billets à ordre, le crédit susnomé présente au marchand des facilités de payement, car le manque de payement à terme n'entraîne pas pour le marchand des conséquences aussi facheuses que le manque de payement à l'échéance d'un billet à ordre ; il s'ensuit que le marchand n'est pas aussi menacé s'il ne peut acquiter son obligation à terme. On n'accorde ordinairement ce crédit qu'à des maisons de toute confiance.

*Поку'пка въ разсро'чку* — achat à tempérament. Ce genre d'achat est conforme à la loi russe. Il garanti le vendeur ; l'acheteur n'acquérant pas le droit de propriété avant d'acquitter l'achat ne peut s'approprier l'objet de vente.

## Ports servant à l'exportation et à l'importation de et pour la Russie. Sibérie.

*Les ports de la Mer Noire :* Bakou, Odessa, Théodossie et autres sont très bien aménagés pour l'importation et l'exportations du (et pour le) Midi de la Russie par (et pour) la Méditerranée.

*Les ports de la Mer Baltique :* Cronstadt, Viborg et autres jouent le même rôle pour le Nord de la Russie et la Finlande que les ports précédents pour le Midi de la Russie.

*Les nouveaux ports de la Mer Blanche et de l'Océan Glacial :* Kola, Mourman ou Romanoff et Arkhangèlsk sont d'une grande importance pour le Nord de la Russie, à cause des communications avec l'Amérique, le Japon et les pays de la mer du Nord et de l'Atlantique, ainsi que de l'Océan Pacifique.

*Le port de Vladivostok* situé sur la Mer du Japon est un débouché du Transsibérien sur l'Océan Pacifique.

*La Sibérie.* Si la Russie européenne présente un vaste champ pour le développement de l'industrie et l'utilisation des capitaux, la Sibérie peut être mise au premier rang et avoir de préférences. Il y a en Sibérie des villes qui, comme Vladivostok, Irkoutske et autres, promettent un très brillant avenir. C'est un champ très fertile pour permettre à des entreprises sérieuses d'y déployer la plus grande énergie.

------

### Objets d'exportation et d'exploitation.

*Mines d'or.* La Sibérie possède des mines d'or, notamment dans le gouvernement (province) d'Iénisséy ; il y en a également dans la région du Nord des montagnes de l'Oural. Les mines d'or de Sibérie sont plus riches que toutes les autres, mais étant situées dans des régions peu peuplées et le climat étant rude, leur exploitation est très difficile. Les mines d'or de l'Oural sont plus faciles à exploiter mais elles sont, en général, moins riches. L'exploitation de l'or est favorisée par l'Etat. On peut en faire les recherches dans les terrains de l'Etat, dans ceux des cosaques, car une quantité de mines de l'Oural se trouvent sur les terrains des cosaques, sans demander l'autorisation des propriétaires.

Il faut dire que la mode de l'exploitation des mines d'or en général est très primitif en Russie ; par conséquent on a souvent abandonné des mines d'où l'on aurait pu extraire une grande quantité d'or.

L'or extrait doit être livré à l'État à prix fixe.

*Mines de houille de Doniétz* ou *Донецкій уголь- ный бассейнъ* comprend la partie septentrionale du gouvernement d'Ekatérinoslaw et une grande partie du district de l'armée des casaques de Don ; il contient des gisements d'houille agglomerée et non agglomerée (antracite) ; plusieurs couches sont très riches.

*Minerai de fer de Krivoï-Rog* ou *Бассе́йнъ Криво́го Ро́га* (une partie du gouvernement de Kherson ou *Херсо́нъ* et celle d'Ekatérinoslaw) renferme de très riches gisements de minerai de fer. Le pourcentage de ce métal atteint jusqu'au 75.

*Tissus de Boukharie.* La Boukharie est très réputée par ses tissus beaux et solides, et ses tapis, et châles.

*Exportation des œufs et de la volaille.* Avant la guerre, on faisait sur une grande échelle, l'exportation des œufs et de la volaille des régions limitrophes en Autriche.

Il est possible aussi d'organiser l'exportation des régions riveraines de la Mer Noire. Pour développer cette exportation, il est possible, outre l'achat des œufs et de la volaille, d'établir des fermes d'élevage de volailles. Si l'on trouvait un terrain impropre à l'agriculture, dont s'occupe est presque exclusivement les populations rurales, son acquisition ne nécessiterait pas de dépenses sérieuses.

*Les eaux minérales de Caucase*. Les eaux minérales de Caucase forment quatre groupes se trouvant rapprochés l'un de l'autre ; ce sont : les eaux de Piatigorsk, d'Essentouki, de Kislovodsk et de Gêliéznovodsk. La bonne qualité des eaux et la douceur du climat permettent de placer ces thermes parmi les meilleurs du monde. — Malheureusement, leur installation laisse beaucoup à désirer. Il faut des capitaux et des gens capables pour améliorer ces thermes dont l'utilité est reconnue.

*Institutions importantes et visa des passeports.* *Городска'я Упра'ва* a presque les mêmes fonctions que le conseil municipal en France.

*Губе'рнская Зе'мская Упра'ва и Уѣ'здная Зе'мская Упра'ва* s'occupent des intérêts des régions rurales, la première pour le gouvernement (ou province), la seconde pour le district de cette province. Comme le conseil municipal elle dirige les intérêts de la ville. Elles administrent les hôpitaux, les voies de communication, les écoles de leur ressort ; en outre, elles sont chargées de s'occuper du bien-être de leurs populations rurales : du développement de l'industrie, de l'agriculture, de l'élevage du bétail. Elles ont fondé des écoles d'agriculture, des dépôts d'ustensiles aratoires, élèvent les chevaux, les bestiaux, font les expositions. Elles peuvent être d'excellents intermédiaires entre la population et les fournisseurs.

*Торго'вое това'рищество*—Société de commerce. *По'лное това'рищество*— Société en nom collectif. *Това'рищество на вѣ'рѣ*—Société en commandite. *Торго'вое това'рищество* s'apelle plus souvent „*Торго'вый Домъ* ".

*Les coopératives d'officiers* — sont très répandues en Russie. Elles ont pour but de vendre non seulement à ses membres presque tout ce qui est nécessaire : comestibles, vêtements, chaussures, parfumerie, armes, etc. Les virements de commerce de ces coopératives sont considérables.

*Апте́ка* — pharmacie. En Russie le titre de propriétaire de pharmacie est un monopole; le nombre de pharmacies, dans chaque ville, est donc restreint. On peut trouver dans chaque pharmacie la liste de toutes les pharmacies russes.

*Податно́й инспекто́ръ* — inspecteur des contributions directes.

*Légalisation de l'acte par un notaire.* Le notaire légalise les signatures des contractants ou l'acte même.

*Визи́рование па́спорта* — visa de passeports (par le consul ou un agent consulaire).

------

## Documents, références, etc.

*Факту́ра* ou facture.

*Накладна́я.* Reçu pour une cargaison envoyée par voie de communication de terre.

*Коноса́ментъ* ou connaissement. Reçu pour une cargaison chargée sur bateau.

*Распи́ска* ou reçu, récépissé, quittance.

*Кра́йняя цѣна́* — prix fixe.

*Рефере́нція* ou référence — renseignements sur une maison de commerce, un agent, employé, etc.

*Векселя* ou traités. Il y a deux genres: *просты́е* correspondant aux billets à ordre et *перево́дные* — lettres de change.

Просты́е векселя́ sont actuellement plus usités en Russie que перево́дные. Pour que un вексель переводно́й ait la même importance en cas de poursuites judiciaires que le ве́ксель просто́й il faut qu'il soit accepté, par écrit, par le débiteur. La lettre de change non acceptée, même si le refus de l'accepter est constaté par le notaire, n'a pas d'avantage de ве́ксель.

Pour qu'un effet soit considéré le ве́ксель il faut qu'il soit écrit dans les formes légales (modèles indiqués par le "correspondant"), il est indispensable aussi que l'effet soit écrit sur papier timbré ; pour lettres de change envoyées de l'étranger il faut que les lettres arrivées en Russie soient timbrées avant la réclamation du payement. En cas de non payement le ве́ксель doit être remis au notaire, à une époque fixée, pour faire faire la sommation, faute de quoi tous les endosseurs sont déchargés du payement.

Le ве́ксель dûment protesté a les avantages suivants sur tous les autres genres d'obligations par écrit :

1) Etant un document formel, il n'est pas besoin de produir d'autres preuves de la dette.

2) Pour le ве́кселя on emploie une procédure simplifiée.

3) Le tribunal ne peut accorder aucun délai pour le payement de la somme fixée par son jugement.

4) Avant le jugement, le tribunal ne peut refuser au demandeur des mesures de garantie.

5) Le tribunal peut ordonner l'exécution préalables.

6) En cas de faillite les векселя́ font parties des documents qui, pour les payements, ont la faveur de la priorité.

Les banques ne peuvent accorder aucun crédit aux personnes dont les векселя́ ont été protestés.

---

### Remarques générales : Mondaines.

*Billets d'invitation.* Les billets d'invitation portent le nom de la personne ou des personnes qui invitent en donnant la première place au nom de la femme. Quand on invite une famille on mentionne d'abord le nom de la femme de cette famille.

*Le jour de nom.* En Russie on considère, dans la haute société, comme un manque de politesse l'ignorance de jour de fête des personnes avec lesquelles on a des relations, plus ou moins intimes, surtout ceux des femmes. Les hommes présentent personnellement leurs félicitations; les femmes félicitent par écrit ou personnellement s'il s'agit d'une femme, et par écrit seulement s'il s'agit d'un homme.

*Чай. Проси́ть на чай.* Il ne faut pas interpréter à la lettre cette invitation: de prendre le thé; c'est une formule d'invitation à venir passer une soirée, et prendre le thé du soir. En même temps ce mot ,, thé '' est plus modeste que celui de ,, soirée '', puisqu'on prévoit ainsi une réunion sans cérémonie et en famille.

*Ёлка.* Fêter l'arbre de Noël est une coutume très répandue en Russie. Pendant les vacances de Noël, chaque famille, plus ou moins aisée, offre cette fête à ses enfants et à ceux des ses amis; il en est de même dans les écoles, collèges, même ceux dans celles des villages.

# TABLEAU

## DES MESURES DE CAPACITÉ ET DES MONNAIES RUSSES.

### Poids.

L'unité de poids et la livre = фунтъ.

1 бе́рковецъ = 163 kil. 720 gr. = 10 пуда́мъ.

1 пудъ = 16 kil. 370 gr. = 40 фу́нтамъ.

1 фунтъ = 0 kil. 400 gr. = 32 ло́тамъ.

1 лотъ = 12 gram. = 3 золотника́мъ.

1 золотни́къ = 4 gram. = 96 до́лямъ.

### Mesures de longueur.

L'unité des mesures de longueur =
la sagègne = саже́нь.

1 ми́ля = 7 kilom. 460 mètres = 7 верста́мъ.
1 верста́ = 1 kilom. 67 mèt. = 500 саженя́мъ.
1 са́жень = 2 mètres 13 = 3 арши́намъ.
1 арши́нъ = 0 mètre 71 = 16 вершка́мъ.
И́ли 1 са́жень = 7 фу́тамъ.
1 футъ *) = 0 mètre 304 = 12 дю́ймамъ.
1 дюймъ **) = 0 mètre 0.25 = 12 ли́ніямъ.

### Mesure agraire.

1 десяти́на = 1 hectare 0.92 — a la superficie
d'un rectangle dont les côtés sont égaux respec-
tivement à 80 sagègnes et 30 sag. ou à 60 sagègnes
et 40 sagègnes.

## Mesures de capacité.

### Pour les grains.

1 че́тверть = 1 hectol. 0.97 = 8 четверика́мъ.
1 четвери́къ = 26 litres 215 = 8 га́рнцамъ.

### Pour les liquides.

1 бо́чка = 491 litres 60 = 40 вёдрамъ.
1 ведро́ = 12 litres 28 = 10 што́фамъ.

## Monnaies.

L'unité monétaire est le *rouble* = рубль en argent
ou en billet = 2 fr. 66 c. ou = à 100 copecks.

### On trove en papier-monnaie.

100 roubles = 266 fr. 60 c.
 50   ,,        133 fr. 30 c.

---

* Pied anglais.
** Pouce anglaise.

| 25 roubles | 66 fr. 65 c. |
|---|---|
| 5 ,, | 13 fr. 35 c. |
| 3 ,, | 8 fr. — |
| 2 ,, | 5 fr. 30 c. |
| 1 ,, | 2 fr. 66 c. |

### Monnaies d'argent.

5 roubles, 1 roubles, 50 copecks et двухгри́венный = 20 сор. = 53 cent.

Гри́венникъ = 10 сор. 26 с.

Пятакъ = 5 сор. 13 с.

### Monnaies de cuivre.

| 5 copecks = | 13 centimes. |
|---|---|
| 3 ,, | 8 centimes. |
| 2 ,, | 5 centimes. |
| 1 ,, | 2 centimes $^1/_2$. |

### Monnaie en or.

15 roubles . . . . = 40 francs.

7 roubles 50 cop. = 20 francs.

# ABRÉVIATIONS.

Г. ou г. devant un nom de personne signifie Господи́нъ ou Госпожа́ — Monsieur, Madame.

Гг. — Господа́ (pluriel) — Messieurs et Dames.

Г, г. devant un nom de ville—signifie го́родъ ou ville.

Гражд., Граждани́нъ ou Гражда́нка — Citoyen, Citoyenne.

Др. — друго́е — autre ou ainsi de suite.

Ж. д. — желѣ́зная доро́га — chemin de fer.

И т. п. — и то́му подо́бное — et ainsi de suite.

Коп., К. ou Копѣ́йка, и — Copeck, s.

Куб. — куби́ческій, ая — cubique ou cube.

М. Г. — Ми́лостивый Госуда́рь ou Ми́лостивая

Госуда'рыня; Ми'лостивые Госуда'ри ои Ми'лостивыя Госуда'рыни (plur.) — Monsieur, Madame, Messieurs, Mesdames.

Госуд. бан. — Госуда'рственный банкъ — Banque d'Etat Russe.

Н-къ, и — на'слѣдникъ, и — héritier, s.

Об-о — О-во — О'бщество — Société.

Пр. — про'чее — autre ou ainsi de suite.

Пуд. — п. — пудъ, ы — le poude, s.

Руб. — р. — рубль, и — le rouble, s.

С. г. — сего' го'да — cette année ou l'année courante.

Ср. — серебр'омъ — en argent (monnaie) ou en espèce.

Ст. — ста'нція — station, gare.

Съ сов. почт. — съ соверше'ннымъ почте'ніемъ — avec un parfait hommage.

Т. ou т. — Тов. — Това'рищъ, и — Camarade, s (masc. et fém.).

Фун. — ф. — фунтъ, ы — le founte, s.

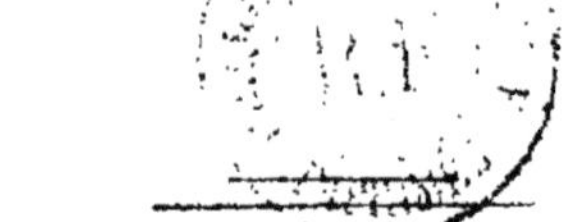

# TABLE DES MATIÈRES.

✦

## DEUXIÈME PARTIE

## CORRESPONDANCE MONDAINE

## TROISIÈME PARTIE

## APPENDICE.



### Tableau des mesures de capacité et des monnaies russes.

Imp. «Union», 46, Bd St-Jacques, Paris

www.ingramcontent.com/pod-product-compliance
Ingram Content Group UK Ltd.
Pitfield, Milton Keynes, MK11 3LW, UK
UKHW021906070726
13613UKWH00001B/352